大学生心理健康教育与指导

赵珥希　李树玲　吴庆禹　著

哈尔滨出版社
HARBIN PUBLISHING HOUSE

图书在版编目（CIP）数据

大学生心理健康教育与指导 / 赵珥希，李树玲，吴庆禹著. -- 哈尔滨 ：哈尔滨出版社，2025. 1. -- ISBN 978-7-5484-8374-8

Ⅰ. G444

中国国家版本馆 CIP 数据核字第 2025D89G60 号

书　　名： **大学生心理健康教育与指导**
DAXUESHENG XINLI JIANKANG JIAOYU YU ZHIDAO

作　　者： 赵珥希　李树玲　吴庆禹　著
责任编辑： 魏英璐

出版发行： 哈尔滨出版社(Harbin Publishing House)
社　　址： 哈尔滨市香坊区泰山路 82-9 号　**邮编：** 150090
经　　销： 全国新华书店
印　　刷： 北京鑫益晖印刷有限公司
网　　址： www. hrbcbs. com
E - mail： hrbcbs@ yeah. net
编辑版权热线： (0451)87900271　87900272
销售热线： (0451)87900202　87900203

开　　本： 880mm×1230mm　1/32　**印张：** 5. 25　**字数：** 110 千字
版　　次： 2025 年 1 月第 1 版
印　　次： 2025 年 1 月第 1 次印刷
书　　号： ISBN 978-7-5484-8374-8
定　　价： 58. 00 元

前　　言

随着社会的快速发展和竞争的日益激烈，大学生面临着前所未有的压力与挑战，这些压力不仅来自学业、就业、人际关系，还来自自我认知与情感管理。这就需要学校提供全面而有效的心理健康教育与指导，这对于帮助大学生建立健康的心态、提升心理素质、实现全面发展具有十分重要的意义。大学生正处于人生的关键时期，是社会的希望，更是国家的未来。在这一阶段，大学生不仅要学习专业知识，更要学会如何面对生活中的种种挑战、如何调整自己的心态、如何在压力面前保持冷静与乐观。心理健康教育正是为了满足这一需求而诞生的，它旨在通过科学的方法，帮助大学生认识自我、理解他人、处理情绪、应对压力，从而更好地适应社会生活，实现个人价值。

心理健康教育并非简单的知识传授，而是一个涉及认知、情感、行为等多个层面的综合过程。它需要教育者以开放的心态、平等的态度，与大学生进行深入的交流与沟通，了解大学生的内心需求，发现大学生的潜在问题，引导大学生以积极的方式看待和处理生活中的各种情况。同时，心理健康教育也需要大学生自身的积极参与和主动探索，通过实践体验来不断深化对心理健康的理解和认识。在这个信息化、多元化的时代，大学生心理健康教育与指导面临着新的挑战和机遇。一方面，网络信息的泛滥、社会价值观的多元化给大学生的心理带来了更多的冲击和困惑；另一方面，现代科技手段的发展也为心理健康教育提供了更多的便利和可能性。因此，教育者需要不断创新教育方法，结合大学生的实际需求和时代特点，开展更加有针对性的心理健康教育与指导。而且，心理健康教育并非一蹴而就的事情，而是一个持续不断的过程，它需要贯穿于大学生的整个学习生涯，甚至延伸到大学生的未来生活中。因此，学校应该建立起长效的心理健康教育机制，为大学生提供持续的支持和帮助，让大学生在成长的道路上更加自信、坚强、乐观。

本书一共分为五个章节，主要以大学生心理健康教育与指导为研究基点，通过本书的介绍让读者对大学生心理健康教育与指导有更加清晰的了解，进一步摸清教育领域大学生心理健康教育与指导的发展脉络，为大学生心理健康教育与指导研究提供更加广阔的用武空间。在当前背景下，大学生心理健康教育与指导研究仍然有许多空白需要填补，需要运用现代先进的科学方法，在已有的基础上进一步深入开展研究工作，以适应不断发展的新形势。

目　录

第一章　大学生心理健康概述

第一节　心理健康的概念与标准

一、心理健康的内涵

（一）心理健康的多元理解与共性本质

心理健康，这一看似简单却内涵丰富的概念，历来是心理学、医学、社会学等多学科关注的焦点。自 1946 年第三届国际心理卫生大会提出心理健康的初步定义以来，众多学者从各自的学科背景和研究兴趣出发，对心理健康进行了广泛而深入的探讨。这些不同的理解，如同多棱镜下的光影，各自折射出心理健康某一侧面的光辉。有的学者强调心理健康与个体潜能的发挥密不可分，认为一个心理健康的人应该能够在生活的各个领域充分发挥自己的潜能，无论是在工作、学习中还是在人际交往中，都能够游刃有余、应对自如。这种理解下的心理健康，不仅仅是没有心理疾病的状态，更是一种自我实现、自我超越的积极状态。它要求个体在适应环境的同时，也能够主动地改造环境,使之更加符合自己的需求和期望。另一些学者则从心理状态的角度出发,认为心理健康是一种持续、积极、乐观、富有创造性的心理状态。在这种状态下,个体不仅能够保持良好的情绪状态,还能够对生活中的各种挑战和压力保持积极应对的态度。这种理解下的心理健康,更加强调个体的主观感受和心理体验,认为心理健康与否应该由个体自己来判断和决定。尽管学者们对心理健康的理解各有侧重,但不难发现其中的共性本质。无论是强调潜能的发挥还是强调心理状态的保持,都体现了心理健康作为一种积极、适应性的心理状态的核心特征。这种特征要求个体在认知、情感、行为等各个方面都能够保持一种和谐、平衡的状态,既能够适应外部环境的变化,也能够满足自身发展的需求。

(二)心理健康的相对性与动态平衡

心理健康并非一个绝对的概念,而是一个相对的概念。这意味着心理健康与否并不是一成不变的,而是随着个体自身条件和环境条件的变化而变化的。从这个角度来看,心理健康更像是一种动态平衡的过程,而不是一种静止不变的状态。每个人在生活的不同阶段都可能面临不同的心理问题和挑战。即使是一个心理正常的人,在遭遇突发事件或重大生活变故时,也可能出现暂时性的心理异常。因此,不能简单地将心理健康与心理疾病画等号,而应该看到心理健康与心理疾病之间存在着一个广阔的灰色地带。在这个地带中,个体可能既没有明显的心理疾病症状,也无法达到理想的心理健康状态。而这并不意味着应该对心理健康持一种悲观或消极的态度。相反,应该看到心理健康的相对性和动态平衡性为个人提供了更多的可能性和选择空间。通过不断的调整自己的心态和行为方式,个体可以在自身及环境条件许可的范围内达到最佳的功能状态。这种最佳功能状态并不是一种完美无缺的状态,而是一种能够适应环境变化、满足自身需求、保持内心和谐的状态。在这种状态下,个体不仅能够充分发挥自己的潜能和才华,还能够为社会的繁荣和进步做出更大的贡献。

二、大学生心理健康的标准

(一)自我评价正确

1. 恰当的自我评价与心理健康的维系

心理健康的根基在于个体如何审视和评价自己。一个心理健康的人,如同站在清澈的湖水前,能清晰地看见自己的倒影,既不因倒影的完美而陶醉,也不因倒影的瑕疵而厌恶,他能够恰当地评价自己的能力、性格、优点和缺点,这种评价既不过高也不过低,宛如一把精准的尺,度量着自己的内心世界。这样的人,对自己的长处和优势有着清醒的认识,但不会因此沾沾自喜或自命不凡,因为个体知道,生活中的目标和理想不是靠自我吹嘘就能实现的,而是需要脚踏实地的努力和持之以恒的坚持。同时,个体也不会因为自己在某些方面的不足而自责、愤怒或自卑,并明白人无完人,每个人都有自己的短板和弱点,关键在于如何正视这些不足,并通过学习和实践去改进和提升。心理健康的人能够接受自己,包括自己的过去、现在和未来,对自己的评价是客观的,不会因为外界的评价而轻易动摇。这种自我认识的稳定性,使得大学生能够在生活的风浪中保持平衡的心理状态,不被外界的赞誉或批评所左右。大学生积极面对生活,努力发挥自己的潜能,追求更好的自我。反之,心理不健康的人往往无法恰当地认同自己,要么过高地估计自己,导致目标和理想脱离实际;要么过低地评价自己,陷入自责和自卑的泥潭。这种心理矛盾冲突使得其无法保持平衡的心理状态,总是在自我否定和自我膨胀之间摇摆不定。这样的人往往缺乏积极的自我态度,无法从内心深处感受到自己的价值和意义。

2. 大学生心理健康与自我评价的实践

大学生正处于人生的重要阶段,其自我评价对于心理健康的维护至关重要。在这个阶段,大学生开始更加深入地认识自己,探索自己的潜能和兴趣。一个心理健康的大学生能够对自己的能力、性格和优缺点做出恰当的评价,这种评价既不过于乐观也不过于悲观。因为大学生知道,自我评价不是一种孤立的行为,而是在与现实环境和与他人的相互关系中不断地调整和完善的。大学生通过实践活动、社交互动以及自我反思等多种途径来认识自己,努力做到有自知之明,对自己的优点感到欣慰,但不会因此而狂妄自大,对自己的弱点和错误不回避,而是勇于面对并寻求改进之道。心理健康的大学生能够接受自己的不完美,并愿意为之努力改变,因为他知道,自我评价不是一种静态的结果,而是一个动态的过程。在这个过程中,大学生不断地调整自己的心态和行为方式,以更加积极、开放的态度面对生活中的挑战和机遇,不会因为一时的失败或挫折而否定自己,而是将其视为成长和进步的阶梯。因此,正确的自我评价是大学生心理健康的重要条件。它能够帮助大学生建立积极的自我态度,保持平衡的心理状态,并激发大学生的潜能和创造力。同时,它也能够促进大学生与现实环境和与他人的和谐关系,为大学生的全面发展奠定坚实的基础。

(二)适应能力强

1. 适应能力强的体现与价值

适应能力强,是指个体在面对变化多端的内外部环境时,能够迅速调整自身的心态和行为,以最佳的状态融入其中。这种能力是心理健康的重要体现,也是衡量个体综合素质高低的重要指标。在复杂多变的社会中,每个人都需要不断调整自己的心态和行为方式,以适应不同的情境和变化。具有较强适应能力的人,不仅能够更好地适应现实生活,还能够更好地发挥自己的潜能和才华。适应能力强的人,对于外部环境的变化能够保持敏感和警觉,因为适应能力强的人能够及时捕捉到环境中的新信息和新变化,并迅速调整自己的思维方式和行为模式。无论是在学习、工作中还是在生活中,他都能够灵活地应对各种挑战和压力。这种灵活性不仅体现在思维方式上,更体现在行为方式上,他们能够根据实际情况调整自己的策略和方法,以达到最佳的效果。

适应能力强的人,在面对困难和挫折时也能够保持坚韧和乐观的态度,不会因为一时的失败或挫折而放弃自己的目标和理想,而会积极寻找解决问题的办法和途径,相信困难和挫折只是暂时的,只要坚持下去就一定能够克服困难挫折并取得成功。这种乐观的态度不仅能够使个体保持积极向上的心态,还能够激发个体的创造力和创新能力。在现代社会中,适应能力强的人更容易获得成功和幸福。因为适应能力强的人不仅能够很快适应现实生活需求和挑战,更能够发挥自己的潜能和才华,不会被外部环境的变化所困扰或束缚,而会主动地去适应环境并改造环境,这种积极主动的态度和行动方式不仅有助于实现自己的目标和理想,还能够促使个体为社会的进步和发展做出贡献。

2. 适应能力与心理健康的深层联系

心理健康是指个体在心理、情感和行为方面的稳定状态,能够适应并应对日常生活中的压力和挑战。适应能力则是实现心理健康的重要手段和保障。心理健康的大学生应该具备较强的适应能力,能够与社会保持良好的接触,对社会现状有清晰正确的认识,了解社会发展的趋势和方向。当发现自己的需求和愿望与社会需求发生矛盾时,能够迅速地进行自我调节,使自己的行为和思想符合社会的要求和期待。这种调节不是消极的妥协或放弃，而是积极的调整和改变，其会在坚持自己的原则和理想的同时，考虑社会的利益和需求，寻求双方都能接受的解决方案。缺乏适应能力的人往往难以应对外部环境的变化和挑战，可能会因为无法适应新环境或新情境而感到焦虑、抑郁或挫败。这种情绪状态不仅会影响个体的学习和工作效率，还会对个体的身心健康造成不良影响。长期的心理压力和不适可能会导致心理障碍的出现，进一步影响个体的社会功能和生活质量。因此，适应能力对于维护大学生的心理健康至关重要。只有具备较强的适应能力，大学生才能够在复杂多变的社会环境中保持稳定的心理状态和积极的生活态度。通过不断提高自己的适应能力，大学生可以更好地应对生活中的挑战和压力，实现自我价值和社会价值的统一。

（三）满意的心境

1. 满意的心境与心理健康的相互促进

满意的心境，如同春日暖阳，温暖而明亮，它是个体心理健康的显著标志。对于大学生而言，这种心境源自对自己学习、生活和人际关系的积极认同，以及对自我适应能力的自信。当大学生对自己的生活状态感到满意时，其内心会充满自尊和自信，这些积极的情感进一步激发大学生的潜能，使其在面对挑战时更加坚韧不拔。满意的心境并非凭空而来，它根植于个体的精神修养之中。一个精神修养较高的大学生，无论身处顺境还是逆境，都能保持一颗平常心，泰然处之。大学生懂得如何在拼搏中找到事业的乐趣,如何在生活的琐碎中发现美好的一面。这种积极乐观的态度,不仅使其在学业上取得优异的成绩,更使其在人生的道路上越走越宽广。心理健康与满意的心境之间存在着相互促进的关系。一方面,心理健康的大学生更容易对自己的生活状态感到满意,因为大学生能够正确地评价自己,接纳自己,从而拥有较高的自尊和自信;另一方面,满意的心境又进一步促进了大学生的心理健康,使大学生在面对困难和挫折时能够保持坚韧不拔的精神状态,勇往直前。在大学生活中,这种满意的心境对个体的成长和发展具有深远的影响。它使大学生更加珍惜现在的时光,更加努力地追求自己的梦想,也使大学生更加懂得如何与他人和谐相处,如何在这个多元化的社会中找到自己的位置。

2. 满意心境下的积极人生与光明未来

满意的心境如同内心的明灯,照亮前行的道路,让大学生在人生的旅途中保持积极向上的态度。这种心境源自内心深处的满足感和自我价值实现后的喜悦,它激励着大学生不断追求卓越,发掘自身的无限潜能。在满意的心境下,大学生能够以更加开放和包容的心态面对生活中的种种挑战。大学生不会轻易被困难打倒,而是将其视为成长的机会和磨炼意志的过程。无论是学习上的困惑、生活上的挫折,还是人际关系中的纷争,都能以乐观的心态去面对,积极寻求解决问题的办法。同时,满意的心境也让大学生更加珍惜和感恩生活中的美好时光。大学生懂得欣赏身边的风景,感受生活中的点滴幸福。这种积极的人生态度不仅让大学生的内心世界更加丰富多彩,也为大学生赢得了更多的人际支持和情感满足。

(四)乐观的生活态度

1. 乐观生活态度下的珍视与热爱

乐观的生活态度,如同盛夏的清晨,充满希望和活力。它源自内心深处对生活真挚的热爱和珍视,体现在每一个细微的日常瞬间。心理健康的人深知生活的宝贵,不仅将生活视为一场旅程,更在其中寻找并创造着无尽的乐趣。对于乐观者而言,生活的每一个角落都隐藏着美好的事物等待被发现。无论是朋友间欢声笑语的聚会,还是独自漫步在熙熙攘攘的街头巷尾,总能以敏锐的感知捕捉到那些容易被忽略的美好。每一个微笑、每一声问候、每一片落叶,都成为乐观者珍视的回忆和感动的源泉。在学习和工作中,乐观的生活态度同样发挥着不可或缺的作用,它使大学生不再将学习和工作视为沉重的负担,而是看成自我提升和成长的宝贵机会。面对挑战和困难,个体总是以积极的态度去应对,从中汲取经验和教训,不断完善自我。每一次的成功都成为乐观的大学生前进的动力,每一次的失败都成为乐观的大学生反思和学习的契机。这种乐观的生活态度不仅让心理健康的人能够更好地享受生活,更让其在面对生活中的种种挑战时能够保持坚韧不拔的精神。其始终相信,无论生活带来什么,都是最好的安排,都值得去珍惜和热爱。

2. 乐观面对挑战与未来

在大学生活中，学习压力、择业竞争、情感纠葛等问题层出不穷，但心理健康的大学生总能以乐观的心态去迎接这些挑战。他们明白，这些经历并非生活的绊脚石，而是磨炼意志、增长才干的宝贵机遇。因此，乐观的大学生不会沉溺于悲观抱怨，更不会自暴自弃，而是将一切视为人生阅历的积累，以及迎接未来更大挑战的准备。乐观的生活态度还体现在对未来的憧憬与规划上。心理健康的大学生深知，未来充满无限可能，只要保持积极进取的心态，就一定能找到属于自己的那片星空。大学生不会因为眼前的困境而丧失信心，也不会因为一时的失意而放弃梦想。相反，其会将每一次的挫折视为通往成功的跳板，将每一次的失败视为走向胜利的垫脚石。在乐观者的眼中，生活是一幅绚丽多彩的画卷，即使偶尔出现阴霾和风雨，也终会迎来晴空万里的美好时光。乐观的大学生相信自己的力量，更相信未来的美好。这种坚定的信念和积极的态度不仅让大学生能够在人生的道路上勇往直前，更让大学生成为传播正能量、温暖他人的存在。

（五）智力正常

1. 智力正常对于大学生学习与生活的重要性

智力，作为人类认识世界、改造世界的核心力量，对于大学生而言，其重要性不言而喻。它是大学生学习、生活和工作的基石，是大学生探索未知、解决问题、创新创造的锐利武器。智力正常，不仅意味着大学生具备基本的认知能力和活动能力，更代表着大学生拥有在复杂环境中独立思考、迅速适应、持续进步的心理条件。在大学生活中，智力正常是完成学习任务、适应环境变化的心理保证。面对繁重的课业压力、多样的社交场景、快速变化的信息环境，大学生需要运用自己的智力去分析、理解、记忆、应用各种知识，以应对挑战、解决问题。同时，大学生还需要在智力活动中不断锻炼自己的观察力、注意力、记忆力、想象力、思维力和创造力，以提升自己的综合素质和实践能力。智力正常也是大学生实现自我价值、追求人生目标的基础。在大学生活中，大学生不仅要学习知识，更要培养自己的独立思考能力、创新创造能力和社会实践能力。这些能力的培养都离不开智力的支持。一个智力正常的大学生，能够在学习和生活中不断挖掘自己的潜力、发挥自己的优势、实现自己的价值。因此，智力正常是衡量大学生心理健康的首要标准。只有智力正常，大学生才能在学习和生活中保持清晰的头脑、敏锐的思维和灵活的反应，才能充分发挥自己的潜能和才华，实现自己的人生目标。

2. 大学生智力正常且充分发挥的表现与标准

大学生作为社会的精英群体，其智力水平总体上是比较高的。然而，衡量大学生的智力是否正常，并不仅仅看其智力水平的高低，更关键的是看其智力是否正常和充分地发挥了效能。一个智力正常且充分发挥的大学生，应该有强烈的求知欲和浓厚的探索兴趣。大学生对知识充满渴望,对未知充满好奇,愿意主动去学习、去探究、去发现。这种求知欲和探索兴趣是推动大学生不断前进的内在动力。而且,智力结构中各要素在其认识活动和实践活动中都能积极协调地参与并正常地发挥作用。这意味着大学生在运用智力解决问题时,能够充分调动自己的观察力、注意力、记忆力、想象力、思维力和创造力等各种智力要素,使它们相互协调、相互配合,形成强大的合力。并且,一个乐于学习的大学生,会把学习当作一种享受而不是负担,会在学习中找到乐趣而不是痛苦。大学生愿意投入时间和精力去学习新知识、新技能,愿意不断挑战自己的极限,拓宽自己的视野和能力。

第二节　大学生心理发展的特点

一、大学生心理发展的一般特点

(一)抽象思维迅速发展,但思维易带主观片面性

1. 大学生抽象思维的迅速发展与探索欲的增强

大学生的心智发展伴随着知识的积累与思维训练的深入,逐步走向成熟。在这一阶段,大学生的抽象思维能力经历了显著的提升,逐渐成为其思维活动的核心。当大学生面对问题时,不再满足于浅层的现象描述或现成的解答,而是更倾向于

深入挖掘事物的内在本质和运行规律。这种思维的成熟,使得大学生在理论探索上表现出浓厚的兴趣。大学生热衷于对事物进行系统的理论论证,希望从因果关系中洞察世间的真理。在这个过程中,大学生的思维独立性得到锻炼,批判性思维也日趋尖锐。大学生不再盲目接受既有观念,而是勇于质疑、反思,从而推动自己思维的深度和广度不断扩展。更为重要的是,随着抽象思维的成熟,大学生在思维灵活性和创造性方面也展现出长足的进步。大学生不再囿于固定的思维模式,而是敢于跳出传统框架,从不同角度审视问题,寻找新颖的解决方案。这种创造性思维的发展,无疑为大学生的学术研究和未来的职业生涯奠定了坚实的基础。

2. 大学生思维的片面性及其对个人发展的潜在影响

尽管大学生的抽象思维能力得到了迅速的发展,但其思维品质仍未完全成熟。在处理复杂的社会问题时,大学生容易陷入简单、主观、片面的思维模式。这种思维的片面性往往源于大学生对个人经验和感情的过分依赖,导致大学生在看问题时难以保持客观和中立。由于缺乏足够的社会阅历和实践经验,大学生在分析问题时容易钻牛角尖,过度关注某一细节而忽视整体。此外,大学生还可能将个人的情感和好恶掺杂进思维过程,使得判断失之偏颇。这种主观片面的思维倾向不仅影响了大学生对问题的深入理解,还可能导致大学生在人际交往和社会适应方面遇到困难。此外,大学生在运用唯物辩证法和理论联系实际的能力上还存在不足。这使得大学生在面对复杂多变的社会现象时,难以做出准确而全面的判断。因此,培养大学生的思维客观性、辩证性和实践性,成为当前教育中亟待加强的环节。通过丰富多样的教学实践活动和社会实践经历,可以帮助大学生克服思维的主观片面性,促进大学生全面发展。

(二)情感丰富,但情绪波动较大

1. 大学生情感的丰富性与时代性表现

大学生,作为青春的代表,情感世界充满了活力和激情。随着对大学生活的逐步深入了解和适应,社会交往日益频繁,社会性需求不断增强,这使得大学生的情感变得更为丰富和强烈。这种情感不仅体现在日常的学习、生活和人际交往中,更带有鲜明的时代性和社会性特征。在大学生活中,大学生们开始形成和确立自己的世界观、人生观和价值观。这些观念的确立,使得大学生的情感得以在更广阔的领域和更深的层次上发展。大学生热爱生活,对未来充满期待,对社会充满责任感,对友情和爱情充满渴望。这种丰富的情感世界,使得大学生们在面对各种挑战和困难时,能够保持积极向上的态度,勇往直前。同时,大学生的情感也表现出明显的时代性。关注社会热点,关心国家大事,对科技进步和社会发展充满好奇和热情。大学生的情感与时代的脉搏紧密相连,与社会的进步息息相关。这种时代性的情感特征,使得大学生能够紧跟时代的步伐,成为推动社会进步的重要力量。

2. 大学生情绪波动的内外因素与适应问题

尽管大学生的情感世界日益丰富和成熟,但大学生的情绪仍然容易出现波动。这种情绪波动既可能源于内心的需求得不到满足,也可能受到外界环境的影响和刺激。当大学生面临学业压力、人际关系困扰或未来规划的不确定性时,情绪可能会产生较大的波动,表现出明显的两极性。此外,大学生可能在外表上表现出平静和冷漠,但内心却充满了焦虑和不安。这种内外不一致的情绪状态,给大学生带来了许多情绪适应问题,可能会使其感到困惑、迷茫和无助,不知道如何表达自己的情感,也不知道如何寻求帮助和支持。而生活经验的匮乏也是导致大学生情绪波动和适应问题的一个重要原因。由于缺乏足够的生活阅历和应对经验,大学生在面对困难和挫折时,往往容易感到沮丧和失望,可能会对自己的能力产生怀疑,对未来失去信心。然而,正是这些困难和挫折,为大学生提供了成长和锻炼的机会。通过不断的学习和实践,大学生可以逐渐学会如何控制自己的情绪,如何适应复杂多变的环境,从而变得更加成熟和自信。

(三)自我意识增强,但发展不成熟

1. 大学生自我意识的增强及其积极表现

作为新时代的青年才俊,大学生身处于知识的殿堂,承载着家庭与社会的殷切期望。在这样的成长背景下,大学生的自

我意识得到了空前的增强，不仅关注外界对自己的评价，更重视自我内心的感受与认知。这种自我意识的觉醒，使得大学生在人生的旅途中更加明确自己的方向与目标。在自我观察方面，大学生更加注重反思与内省，大学生通过审视自己的言谈举止，努力发现自身的优点与不足。在自我检验方面，勇于面对挑战，敢于尝试新事物，以期在实践中检验自己的能力与价值。在自我评价方面，大学生表现出了明显的独立性和自主性，不再盲目听从他人的意见，而是根据自己的实际情况进行客观、全面的评价。在自我调节与自我完善方面，大学生也展现出了强烈的进取心，通过不断学习、锻炼和实践，努力提升自己的综合素质，以期在未来的竞争中脱颖而出。这种自我意识的增强，使得大学生在人生规划、职业发展等方面表现出了明显的积极性。他可以根据自己的兴趣、特长和社会需求，为自己设定了明确的目标，并为之付出了辛勤的努力。同时，也更加关注自己的心理健康，注重培养自己的人际交往能力、抗压能力等，以期在复杂多变的社会环境中保持良好的心态和状态。

2. 大学生自我意识发展的不成熟及其潜在风险

尽管大学生的自我意识得到了显著的增强，但也必须看到，大学生的发展仍然存在着不成熟的一面。这种不成熟主要表现在对自己评价过高、难以倾听不同意见、缺乏自信等方面。这些问题的存在，不仅影响了大学生的健康成长，也给大学生未来的发展带来了潜在的风险。由于生活阅历和社会经验的不足，部分大学生往往对自己评价过高，难以正视自己的缺点和不足。大学生容易陷入自我陶醉、自我欣赏的状态中，忽视他人的建议和批评。这种自命不凡、刚愎自用的态度不仅阻碍了大学生的进步，也影响了大学生与他人的关系。同时，由于缺乏自信，一些大学生在面对挑战和困难时容易产生自卑感和挫败感，甚至选择逃避和放弃。这种心态不仅限制了大学生的个人发展，也给大学生未来的职业生涯带来了不利的影响。此外，部分大学生在处理自我完善与社会发展需要的关系时也显得不够成熟，往往过于关注个人的利益和需求，忽视了社会整体的发展和进步。这种狭隘的视野和自私的心态不仅限制了大学生的个人成就，也影响了大学生对社会的贡献和价值。因此，加强大学生的心理健康教育和社会责任感培养显得尤为重要和迫切。通过教育和引导，帮助大学生正确认识自己、评价自己、完善自己，同时培养大学生的社会责任感和集体荣誉感，使大学生在关注个人发展的同时更加关注社会的整体发展和进步。

（四）意志水平明显提高，但不平衡、不稳定

1. 大学生意志水平的显著提高及其积极表现

随着知识经验的积累和对社会、人生意义的深入理解，大学生的意志水平得到了显著提高，逐渐能够自觉地确定自己的奋斗目标，并为之制订详细的实施计划。在实现目标的过程中，大学生表现出了坚韧不拔的毅力和决心，能够排除各种内

外障碍和困难,勇往直前地追求自己的理想。这种意志的自觉性、坚韧性、自制性和果断性的发展,在大学生的学习、生活和社交等各个方面都得到了充分体现。在学习上,大学生能够自觉地安排学习时间,克服学习中的困难,努力提高自己的学习成绩。在生活上,大学生能够保持良好的生活习惯,抵制各种诱惑,保持身心健康。在社交上,大学生能够积极参与各种社会活动,拓展自己的人际交往圈子,提升自己的社交能力。大学生意志水平的提高,不仅有助于他们更好地适应大学生活,也为他们未来的职业发展奠定了坚实的基础。在工作中,大学生能够自觉地承担起自己的职责和义务,克服工作中的困难和挑战,为组织的发展贡献自己的力量。

2. 大学生意志发展的不平衡性与不稳定性及其影响

尽管大学生的意志水平得到了显著提高,但也必须看到,大学生的意志发展还存在着不平衡性和不稳定性。这种不平衡性主要表现在不同方面的意志品质发展不均衡。例如,有些大学生的自觉性和坚持性品质发展水平较高,但果断性和自制性品质发展相对滞后。这导致大学生在处理关键问题或采取重大行动时,有时优柔寡断、动摇不定,有时又草率武断、盲目从众。这种意志发展的不稳定性则主要表现在不同情境和心境下的意志水平波动较大。有些大学生在顺境中能够表现出坚强的意志和决心,但在逆境中容易失去信心和勇气。有些大学生在心情愉悦时能够保持较高的意志水平,但在心情低落时容易陷入消极和迷茫的状态。这种意志发展的不平衡性和不稳定性对大学生的成长和发展产生了一定的影响。它可能导致大学生在面对复杂多变的现实环境时难以做出正确的判断和决策,也可能影响大学生的自信心和自尊心,使大学生在面对挫折和困难时容易产生挫败感和自我怀疑,还可能影响大学生的人际交往和社会适应能力,使大学生在与他人合作和沟通时难以保持积极和稳定的心态。因此,针对大学生意志发展的不平衡性和不稳定性问题,应该采取积极的措施进行干预和引导,通过教育和培训提高大学生的意志品质发展水平,使大学生能够更加全面、均衡地发展各项意志品质。其次,通过心理辅导和咨询帮助大学生更好地应对挫折和困难,增强大学生的自信心和自尊心。并且通过社会实践让大学生更好地融入社会、适应社会,提升大学生的人际交往和社会适应能力。

二、大学生心理发展的阶段

(一)适应准备阶段

1. 自豪与自卑的交织情绪

大学生,一群通过十几年辛勤学习,终于跨过高考门槛的青年才俊。大学生凭借自己的才华和智慧,获得了进入学校深造的机会,成为社会的栋梁之材,这份来之不易的成就自然让大学生备感自豪。每当回想起那些挑灯夜战的日子,每当提及那份沉甸甸的录取通知书,大学生的胸膛都会不由自主地挺起,眼中闪烁着自豪的光芒。而校园里并非只有大学生一人优秀。来自五湖四海的学子们汇聚一堂,每个人都带着自己独特的才华和光芒。在这样的环境中,大学生很快就会发现,自己原本的那种优越感消失了,取而代之的是一种前所未有的竞争压力。当大学生看到其他同学在学术、文艺、体育等方面取得的卓越成绩时,当大学生意识到自己在某些方面与他人存在差距时,一种难以名状的自卑感便会悄然而生。这种自卑感并非完全消极,它有时也会成为一种激励大学生更加努力奋斗的动力。但是,如果自卑感过于强烈,就可能会影响大学生的自信心和自尊心,甚至导致一些心理问题的出现。因此,大学生需要学会正确地看待自己的优点和不足,既要保持必要的自豪感,也要勇于面对自己的不足,以积极的心态去迎接大学生活中的机遇和挑战。

2. 新鲜与恋旧的交织情怀

在未踏入大学校门之前,大学生往往会将大学生活想象得过于理想化,甚至将其视为一种遥不可及的美好境界。而当大学生真正踏入大学校园的那一刻起,眼前的一切都变得如此真实而迷人。新的环境、新的室友、新的学习内容以及现代化的设施和教学设备等,都让大学生感到无比新鲜和兴奋。大学生仿佛置身于一个充满机遇和挑战的新世界,每一天都充满了未知和可能性。这种新鲜感让大学生对大学生活充满了期待,也激发了大学生探索未知的热情和勇气。但随着时间的推移,当新鲜感逐渐褪去,大学生们开始发现大学生活并非想象中的那么完美。大学生开始怀念起那些熟悉的人和事,开始想念家人和老朋友。尤其是在遇到挫折和困难时,这种恋旧感会更加强烈。大学生渴望回到那个温暖而熟悉的港湾,寻找那份久违的安慰和支持。这种新鲜与恋旧的交织情怀是大学生活中一种普遍的情感体验。它反映了大学生们在适应新环境、融入新生活的过程中所经历的内心挣扎和情感波动。但是,无论大学生们遇到怎样的困难和挑战,都需要学会勇敢地面对,积极地调整自己的心态和情绪,以更好地适应大学生活并实现自己的理想和目标。

3. 轻松感和被动感交织

相较于高中的严格管理和密集的课程安排,大学的生活节奏明显放缓。课堂上,老师不再频繁地点名提问,考试的压力似乎也变得遥不可及。学习,这一曾经占据生活重心的活动,此刻似乎变得轻松而自由。而这种轻松感并不等同于学习的放松。事实上,大学的学习内容往往比高中更加深入和复杂,它要求学生们不仅要掌握知识,更要具备创造性思维和独立解决问题的能力。图书馆和实验室成了大学生们的新天地,但这也意味着大学生需要更加自觉和主动地去探索和学习。而并非所有学生都能很好地适应这种转变,一些大学生在享受轻松感的同时,却忽视了学习的深度和广度。大学生可能沉迷于各种社团活动或娱乐消遣,忽视了图书馆和实验室的重要性。当期末考试来临之际,他们才发现自己并没有做好充分的准备。这时,一种被动感开始悄然滋生。他们意识到,大学的学习并非想象中的那么简单和轻松。大学生开始感受到来自学业的压力和挑战,而这种压力和挑战往往比高中时更加严峻。因为大学的学习更加注重学生的主动性和创造性,如果大学生不能很好地调整自己的学习态度和方法,就很容易陷入被动和困境之中。这种被动感不仅会影响大学生的学业成绩,还会对大学生的心理造成负担。大学生可能会感到焦虑、沮丧或失落,甚至开始怀疑自己的能力和价值。这种心理状态不仅会影响大学生的学习和生活,还可能对大学生的未来产生深远的影响。因此,适应准备阶段成为大学生涯中的关键时期。这一阶段不仅关乎学生能否顺利度过大学生活,更关乎大学生未来的职业发展和人生轨迹。在这一阶段,大学生需要努力调整自己的学习态度和方法,积极面对学业挑战和压力。大学生需要学会如何利用图书馆和实验室等学习资源,提高自己的自学能力和创造性思维能力。只有这样,大学生才能真正适应大学的学习和生活节奏,实现自己的学业目标和人生价值。

(二)稳定发展阶段

1. 世界观、人生观的逐步确立与稳定

大学生正处于青春年华的璀璨时期,其世界观、人生观在这个阶段逐步确立,并趋于稳定。这是一个充满探索与发现的时期,大多数学生怀揣着积极向上的心态,勇敢地追求自己的梦想和目标。有的大学生热衷于参加各类社团活动,担任学生会、共青团的干部,通过实践锻炼自己的组织领导能力和团队协作精神;有的大学生则专注于学业,准备各种考试,踊跃选读

选修课、辅修课，努力拓宽知识面，提升自己的综合素质。这些积极的行动不仅让大学生在大学生活中找到了自己的定位和价值，也为大学生的未来打下了坚实的基础。随着知识的积累和阅历的增加，大学生对世界和人生的理解更加深入和全面。大学生开始明白，人生不仅仅是为了追求物质的满足，更重要的是追求精神的富足和内心的平静。大学生逐渐认识到，每个人都有自己的独特之处，都应该被尊重和包容。这种世界观、人生观的确立，让大学生更加坚定地走自己的路，做自己喜欢的事情，追求自己的梦想。同时，大学生也更加懂得珍惜身边的人和事，感恩生活中的点滴美好。

2. 同学之间的差距与学校教育的目标

在大学这个阶段，学生们之间的差距逐渐显现出来。少数学生由于种种原因开始落后，大学生有的不能适应学校的学习方式，学习跟不上节奏，补考科目较多，慢慢失去了学习兴趣；有的被新鲜的生活娱乐方式所诱惑，沉迷于网络或各种游戏场所；还有的感情受挫，一蹶不振。这些情况造成了学生的两极分化现象，一方面有优秀的学生在各个领域崭露头角，另一方面也有学生因为各种原因而陷入困境。而这种差距并不是绝对的，而是相对的。每个大学生都有自己独特的成长轨迹和发展方式，都在按照自己的节奏和方式塑造着自己，在这个过程中，大学生可能会遇到许多锻炼和提高的机遇，也可能会有克服困难取得成功的欣喜；同时，大学生也可能会遇到困惑、苦恼和挑战。这正是大学生的成长过程，也是大学教育的主要目标所在。大学教育的目标不仅仅是传授知识,更重要的是培养学生的综合素质和能力。在这个阶段,学生们通过学习和实践逐渐发现自己的兴趣和优势所在,并努力提升自己的能力和素质。同时,大学生也在与同学的交流和合作中学会了团结、协作和沟通的技巧。这些经历和收获将成为大学生未来人生道路上的宝贵财富,支撑着大学生不断前行和成长。因此,应该尊重每个大学生的独特性和差异性,为其提供多样化的教育资源和成长机会,让其在学校的舞台上充分展示自己的才华和魅力。

(三)趋于成熟阶段

1. 临近毕业时心中涌起的紧迫感

临近毕业之际,许多大学生会感受到一种难以言喻的紧迫感。大学生蓦然回首,发现学校四年的时光竟然如此匆匆而逝,仿佛刚刚踏入校园的那一刻还在昨日。面对即将结束的大学生活,大学生开始反思自己是否充分利用了这段时间,是否学到了足够的知识和技能。当意识到还有许多书籍未曾翻阅、许多课程未曾深入学习、许多技能未曾掌握时,大学生不免感到焦虑和不安。与此同时,毕业的临近也意味着大学生即将走出象牙塔,踏入复杂多变的社会。这种转变对于大学生来说无疑是巨大的,大学生开始感受到来自社会的各种压力和挑战,比如就业市场的竞争、职业发展的不确定性、生活成本的增加……这些问题像一座座大山压在大学生的心头,让大学生感到自己还远远没有准备好。大学生担心自己的能力和经验不足以应对社会的种种挑战，担心自己无法找到满意的工作和生活方式。这种对未来的担忧和不确定感进一步加剧了大学生的紧迫感。

2. 责任感在大学生心中悄然生长

在毕业季这个特殊的时刻，大学生们不仅感受到了紧迫感，也开始滋生出一种强烈的责任感。大学生逐渐意识到，自己即将成为社会的一分子，需要承担起相应的责任和义务。这种责任感不仅来自家庭和社会的期望，更来自大学生内心深处的自我认同和价值追求。在这个阶段，大学生们对社会和经济生活中的重大事件表现出更加浓厚的兴趣。大学生开始关注国家的发展动态、社会的热点问题以及各行各业的发展趋势。大学生把这些与自己未来的工作和生活紧密联系起来，思考如何在社会中发挥自己的作用和价值。大学生希望社会能够安定团结、经济能够繁荣昌盛，因为其深知自己的命运与国家的命运是紧密相连的。这种责任感不仅让大学生更加关注社会的发展和进步，也激励着大学生不断提升自己的能力和素质。大学生明白，只有不断学习和进步才能更好地适应社会的需求和发展。在这个过程中，大学生可能会遇到各种困难和挑战，但正是这些困难和挑战促使大学生不断成长和进步。

第三节　影响大学生心理健康的主要因素

一、大学生心理健康影响因素分析

（一）自身影响因素

1. 大学生成长阶段的特殊性与心理问题

大学生，正处于人生的一个特殊成长阶段，其既非完全的孩子，也非完全的成人。相较于那些已经步入社会、历经风雨的成年人，大学生的社会阅历尚浅，对世界的认知和理解还在不断地深化和拓展中。这种特殊性使得大学生的心智发展变化极为迅速，同时也意味着大学生更容易遇到各种心理问题。在这一阶段，大学生面临着前所未有的挑战和压力。大学生需要独立面对生活、学习、人际关系等各方面的问题，而这些问题往往比大学生之前所经历的更加复杂和棘手。由于缺乏足够的社会经验和应对策略，大学生可能会感到迷茫、焦虑，甚至产生挫败感。这些心理问题如果得不到及时、有效的教育和引导，就可能对大学生的成长和发展产生不良影响。此外，有些大学生可能过于内向、敏感，对自己缺乏自信；有些大学生则可能过于外向、冲动，缺乏自我控制力。这些性格和心理上的缺陷会使大学生在面对困难和挑战时更加脆弱和不堪一击。因此，大学生需要更加关注自己的内心世界，了解自己的优点和不足，学会调整自己的心态和情绪。

2. 大学生的性心理发展与情感处理

大学生正处于青春年华，其性心理已经逐渐发育成熟。在这个阶段，大学生会对异性产生好奇和渴望，希望与异性建立深厚的友谊，甚至发展成为爱情。这种对爱情的向往和追求是大学生活中不可或缺的一部分，也是大学生成长过程中的重要经历。而大学生的性心理虽然已经成熟，但并未达到稳定的状态。在与异性交往中，大学生可能会因为缺乏经验和理智而做出一些冲动的行为。比如，大学生可能会因为一时的好感而盲目地投入感情，或者因为一些小的矛盾和摩擦而轻易地放弃一段感情。这种不稳定的情感状态可能会对大学生的心理造成负面影响，甚至引发心理失衡。为了更好地处理与异性的关系，大学生需要学会更加理智和成熟地对待感情。大学生应该了解自己的情感需求，明确自己在感情中的位置和角色。同时，大学生也需要学会尊重和理解对方，建立良好的沟通和信任机制。只有这样，大学生才能在享受爱情带来的甜蜜和快乐的同时，保持内心的平衡和稳定。

（二）家庭环境影响因素

1. 家庭环境与大学生性格及“三观”的塑造

家庭，作为个体成长的摇篮，其影响深远且持久地渗透到每一个人的性格与“三观”之中。大学生，正处于人生的关键时期,大学生的道德品格、性格行为以及世界观、人生观、价值观的形成,都与家庭环境有着千丝万缕的联系。原生家庭是个体情感体验和表达的最初场所,家庭氛围的和谐与否、教育方式的恰当与否,都会在大学生的心中留下深刻的烙印。在温暖、关爱的家庭环境中成长的大学生,往往性格开朗、情感丰富,能够积极面对生活中的挑战和困难。相反,在冷漠、暴力的家庭环境中成长的大学生,则可能性格孤僻、情感压抑,对人对事缺乏信任感和安全感。同时,家庭也是大学生"三观"塑造的重要基地。父母的言传身教、家庭的日常琐事,都会在无形中影响着大学生的世界观、人生观和价值观。一个积极向上、充满正能量的家庭,能够引导大学生形成正确的"三观",以乐观的心态面对生活。因此,家庭环境对大学生性格及"三观"的塑造具有不可忽视的影响。作为父母,应该注重家庭氛围的营造,以恰当的教育方式引导子女健康成长。而大学生也应该正视家庭环境对自己的影响,努力调整自己的心态和行为,以积极、健康的态度面对生活。

2. 家庭经济状况与大学生心理健康的关联

家庭经济状况作为家庭环境的一个重要方面,同样对大学生的心理健康产生着深远的影响。不同的家庭经济状况意味着不同的生活条件和成长环境,这些都会在一定程度上影响大学生的心理状态和性格特征。对于家庭经济困难的大学生来说,生活的拮据和视野的局限往往会让其产生自卑心理和过重的心理负担。大学生可能因为无法像其他同学一样拥有丰富的生活体验和物质条件而感到低人一等，对自己的能力和未来缺乏信心。这种心理状态如果得不到及时的关注和引导，就可能逐渐演变为心理不适感甚至心理疾病。而家庭经济状况并非决定大学生心理健康的唯一因素。即使在困难的经济条件下，如果家庭能够给予足够的关爱和支持，大学生同样可以培养出坚韧不拔、乐观向上的品质。因此，作为家长和教育工作者，应该更加关注大学生的心理健康需求，提供必要的心理援助和支持，帮助大学生建立积极、健康的心态面对生活的挑战。而且，也应该鼓励大学生正视自己的家庭经济状况，以坦然、自信的态度面对生活的起伏和变化。

（三）学校环境影响因素

1. 学业方面

学业方面的转变与挑战，是大学生生活中不可忽视的一环。从高中步入大学，大学生经历了从紧张学习到自主学习的跨越。这一过程中，那些学习目标不够明确、学习动力有所欠缺的学生，往往会在课业繁重的压力下感到无所适从。大学生或许曾在高中时代有着明确的目标——考上大学，但一旦这个目标实现，新的目标却未能及时树立，大学生在学校的学习生活中就会缺乏方向感，加之自我定位的不准确，使得大学生在面对挑战时难以调整心态，容易出现自暴自弃、紧张焦虑等不良情绪。特别是那些因高考失利而进入非理想学校的学生，可能会对自己的过去充满懊悔，认为自己在高中没有付出足够的努力。这种心态下,大学生除了学习之外,很难培养出其他的兴趣爱好,长此以往,焦虑、抑郁等不良情绪便可能悄然滋生。

2. 学校方面

大学作为大学生学习科学文化知识、塑造个人品格的关键场所,其教育质量、校风等因素都在无形中影响着大学生的心理健康。尽管许多大学已经开展了心理健康教育工作,但这些工作的实际效果却往往不尽如人意。其中的原因多种多样,一方面可能是这些工作没有得到足够的重视和有效的落实,导致其作用大打折扣;另一方面,学校在心理健康咨询方面的建设也存在诸多不足。例如,虽然不少大学设立了心理健康咨询处,但配备的专业人员数量有限,部分心理咨询工作者甚至缺乏必要的专业知识和实践经验。这使得一些大学生在遇到心理问题时,难以找到合适的求助途径,无法得到及时有效的专业帮助。一旦学生错过了心理问题治疗的最佳时期,其后果可能不堪设想。因此,学校方面需要更加深入地反思和改进现有的心理健康教育模式,确保每一位学生都能得到必要的心理支持和帮助。

二、大学生心理健康教育的内容

(一)认知发展教育

1. 认知发展教育的意义与大学生自我认知的提升

认知发展教育,作为教育中不可或缺的一环,其重要性日益凸显。它旨在帮助大学生深入了解认知发展的规律与特点，从而更准确地把握自身认知的发展水平。通过系统的教育和训练，大学生能够识别并纠正自身存在的不良认知，进而学会如何有效地调整和优化自身的认知结构。这一过程不仅有助于提升大学生的自我认知能力，更为大学生未来的学习和生活奠定了坚实的基础。在认知发展教育的实践中，学习指导占据了重要的地位。通过学习指导，大学生可以迅速适应学校的学习环境和学习要求，掌握科学有效的学习方法。这些方法不仅能够帮助大学生提高学习效率，更能够培养大学生独立思考的能力和积极探索的精神。当大学生能够自觉调节自己的学习心理和学习行为时，其学习效果和综合素质都将得到显著的提升。此外，认知发展教育还有助于培养大学生的元认知能力。元认知是指个体对自身认知过程的认知和监控。通过认知发展教育，大学生可以更加清晰地认识到自己的学习过程是如何发生的，以及在这个过程中存在哪些问题和困难。这种自我觉察和自我反思的能力，将有助于大学生更好地规划和管理自己的学习，从而达到更高效的学习效果。

2. 认知发展教育在促进大学生全面发展中的作用

认知发展教育在促进大学生全面发展中扮演着举足轻重的角色。它不仅仅关注大学生的知识获取和技能提升，更注重培养大学生的思维能力、创新精神和解决问题的能力。这些能力是现代社会所需人才的核心素养，也是大学生未来职业发展和个人成长的关键因素。通过认知发展教育，大学生可以学会如何批判性地思考和分析问题。大学生不再满足于接受现成的知识和观点,而是学会了独立思考、勇于质疑和勇于创新。这种思维方式的转变,将使大学生在面对复杂多变的社会问题时更加从容和自信。认知发展教育还有助于培养大学生的团队协作和沟通能力。在认知发展的过程中,大学生需要与他人进行交流和合作,共同解决问题和完成任务。这种团队协作的经验,将使大学生更加懂得如何与他人相处和合作,从而在未来的工作和生活中更加得心应手。

(二)情绪稳定教育

1. 情绪稳定教育的重要性与大学生情绪调控能力的培养

情绪稳定教育在大学生心理健康教育中占据着举足轻重的地位。它旨在帮助大学生认识到情绪的正常波动范围以及自身情绪变化的特点,从而学会科学有效地调控情绪,保持心境的平和与乐观。这种教育不仅有助于大学生形成适度的情绪反应能力,还能提升大学生抗干扰的能力,避免情绪剧烈波动导致的心理失衡。大学生正处于青少年向成年过渡的关键阶段,情绪变化丰富且复杂。大学生面临着学业压力、人际关系、未来规划等多重压力,这些压力往往容易引发不良情绪,如焦虑、抑郁、愤怒等。若缺乏情绪调控的能力,这些不良情绪很可能失控,进而影响大学生的学习、生活和人际交往。因此,情绪稳定教育显得尤为重要。通过情绪稳定教育,大学生可以学会识别自己的情绪,了解情绪背后的动机和需求,从而更加理性地面对和处理情绪。大学生还可以掌握一系列情绪调控的技巧，如深呼吸、放松训练、积极暗示等，这些技巧有助于大学生在遇到负面情绪时迅速恢复平静，避免情绪失控带来的不良后果。情绪稳定教育还有助于培养大学生的情商，即大学生理解和管理自己及他人情绪的能力。这种能力对于建立良好的人际关系、促进团队协作、实现个人和职业发展都具有重要意义。

2. 情绪稳定教育与大学生过激行为的预防

过激行为往往是一时冲动的产物，而冲动往往源于情绪的失控。当大学生面临挫折、压力或不满时，如果缺乏情绪调控的能力，很容易陷入情绪的旋涡，从而做出冲动的决定。这些决定可能包括言语攻击、肢体冲突、自我伤害等，不仅对自己造成伤害，还可能对他人和社会造成不良后果。情绪稳定教育通过教授大学生如何科学地调控情绪，使大学生在面对不良情绪时能够保持冷静和理性。这种冷静和理性不仅有助于大学生做出更为明智的决策，还能有效地预防过激行为的发生。当学会用理智去驾驭情绪时，大学生就能更好地控制自己的行为，避免因一时冲动而犯下错误。

（三）意志力优化教育

1. 意志力优化教育在大学生自我提升中的作用

意志力优化教育，作为教育的重要组成部分，对大学生的自我提升和全面发展具有深远的影响。它旨在帮助大学生深刻理解意志在成才过程中的关键作用,并引导大学生正视自身意志品质的不足之处。

通过系统的教育和训练,大学生能够增强克服困难的主观能动性,学会在面对挫折和刺激时有效调节情绪,进而提升心理承受能力。这一过程不仅有助于大学生克服内部困难,更能显著提高大学生的意志行为水平,使大学生在面对各种诱惑和挑战时能够保持坚定和自制。在教育实践中,意志力优化教育注重培养大学生的自觉性、果断性、坚持性和自制性。这些优良品质是构成坚强意志的基石,也是大学生在未来学习和生活中取得成功的关键要素。通过教育和训练,大学生能够逐渐形成积极向上的心态和坚韧不拔的意志,从而在面对困难和挑战时迎难而上,勇往直前。意志力优化教育还强调大学生的自我认知和自我管理。它鼓励大学生深入了解自己的意志品质和行为模式,学会在日常生活中进行自我调节和自我激励。这种自我认知和自我管理的能力提升,将有助于大学生更好地掌控自己的行为和情绪,实现自我价值的最大化。

2. 意志力优化教育对大学生心理健康的促进作用

意志力优化教育在促进大学生心理健康方面发挥着举足轻重的作用。它通过培养大学生的坚强意志和优良品质,帮助大学生更好地应对生活中的压力和挑战,从而保持积极、乐观的心态。这种心态的转变不仅有助于提升大学生的幸福感和满足感,更能有效预防各种心理问题的发生。在现代社会中,大学生面临着来自学业、就业、人际关系等多方面的压力。这些压力如果得不到有效的缓解和释放，很容易引发焦虑、抑郁等心理问题。而意志力优化教育正是通过增强大学生的心理承受能力和自我调节能力，帮助大学生更好地应对这些压力。当大学生学会用坚强的意志去克服困难、用积极的心态去面对挫折时，就能更加自信、从容地面对生活中的各种挑战。此外，意志力优化教育还有助于提升大学生的自我效能感和自我价值感。当大学生通过努力克服困难、实现目标时，会感受到自己的能力和价值所在。这种自我效能感和自我价值感的提升，将使大学生更加自信、坚定地追求自己的理想和目标。

三、大学生心理健康的自我调节

（一）保持满意的心境、积极的心态

1. 满意的心境对个体生活品质的积极影响

心境，作为个体内心情感状态的反映，其满意度对生活质量起着至关重要的作用。当大学生对自己的生活持有满意的心境时，就会更加珍视当下，感恩所拥有的一切，并积极投入日常的学习、工作和人际交往中。这种积极的生活态度不仅能够提升大学生的幸福感和满足感，还能够促进大学生与周围环境的和谐相处。在心理健康的维度上，满意的心境有助于大学生形成正面的自我认知和评价，让大学生更倾向于认为自己是有价值的、能够胜任各种挑战的，从而在面对困难时表现出更高

的自信和韧性。这种自我肯定的态度进一步激发大学生的潜能和创造力,使大学生在学业、实践和社交等各个领域都能取得更加出色的成绩。而且,当大学生以积极、友善的态度去对待他人时,更容易赢得他人的信任和尊重,从而建立起深厚的友谊和合作关系。这些人际关系不仅为大学生提供了情感上的支持和慰藉,还为大学生未来的职业发展和社会融入奠定了坚实的基础。

2. 积极的心态在逆境中的重要作用

积极的心态是个体在面对挑战和困境时所展现出的乐观、坚韧和努力解决问题的态度。它能够帮助大学生在遭遇挫折时保持冷静和理智,迅速调整自己的策略和行动,以最小的代价走出困境。这种心态的培养不仅关乎大学生的心理素质,更是大学生未来能否成功应对各种挑战的关键。在逆境中,积极的心态能够激发大学生的内在动力,使其不轻易放弃自己的目标和理想。大学生会将困境视为成长的机会,通过反思和学习来提升自己的能力和智慧。这种成长型思维模式不仅有助于大学生在当前困境中找到出路,还为大学生未来的发展积累了宝贵的经验和资源。并且,当团队面临困难和挑战时,具有积极心态的成员往往能够鼓舞士气、凝聚人心,带领团队其他成员共同克服困难、实现目标。这种领导力和影响力的展现不仅提升了大学生在团队中的地位和价值,还为大学生领导才能的培养和未来的职业发展奠定了坚实的基础。

（二）培养和完善人格

1. 正确评价客观事物与塑造健全人格

在大学生活中，正确评价客观事物是塑造健全人格的重要基石。大学生处于知识积累和世界观形成的关键时期，大学生接触到的信息纷繁复杂，如何筛选、理解和评价这些信息，直接关系到大学生人格的发展和完善。正确评价客观事物，意味着大学生需要具备批判性思维，不盲目接受外界观点，而是学会独立思考、分析判断。这种思维方式有助于大学生形成独立的见解，避免人云亦云，从而在知识的海洋中保持清醒的头脑。同时，正确评价还要求大学生具备客观公正的态度，不因个人喜好或偏见而扭曲事实，这种态度是赢得他人尊重和建立良好人际关系的基础。在塑造健全人格的过程中，大学生还需要学会正确对待自己与他人。自我认知是人格发展的起点，大学生应该了解自己的优点和不足，既不妄自尊大也不妄自菲薄。在与他人交往中，要学会换位思考，理解他人的感受和需求，培养同理心。通过正确处理自我与他人的关系，大学生能够建立起健康的人际交往模式，为未来的社会生活奠定坚实的基础。

2. 情绪管理与适应社会环境与大学生活

在快节奏、高压力的现代社会中，大学生面临着来自学业、就业、人际关系等多方面的挑战，如何有效管理情绪、保持情绪反应适度正常，成为大学生必须面对的重要课题。善于管理情绪意味着大学生能够在遇到困难和挫折时保持冷静和理智,避免情绪失控带来的负面影响。这需要大学生学会识别自己的情绪,了解情绪背后的动机和需求,从而找到合适的方式来表达和疏导情绪。同时,大学生还需要学会调节情绪,通过积极暗示、放松训练等方法来平复激动的心情,使自己能够以平和的心态应对各种挑战。在适应社会环境与大学生活的过程中,大学生还需要主动、有效地适应各种变化。社会环境是复杂多变的,大学生活也充满了各种不确定性。大学生需要具备灵活变通的能力,及时调整自己的心态和行为,以适应不断变化的环境。这种适应性不仅能够帮助大学生更好地融入社会,还能够为大学生的未来发展创造更多机会。

(三)投身社会实践,扩大人际交往,建立广泛的社会支持系统

1. 社会实践与大学生素质的全面提升

社会实践是大学生活中不可或缺的一部分,它为大学生提供了一个展示自我、锻炼能力、提升素质的广阔舞台。通过积极主动地参与各类社会实践活动,大学生能够将所学理论知识与实际相结合,从而深化对专业知识的理解,并拓宽自己的知识面。同时,社会实践也是大学生接触社会、了解社会的重要途径,它有助于大学生形成正确的世界观、人生观和价值观,培养社会责任感。在社会实践中,大学生需要与人沟通交流、团结协作,这不仅能够提升大学生的人际交往能力,还能够培养

大学生的团队合作精神和领导能力。通过参与社会实践活动，大学生还能够培养自己的创新思维和解决问题的能力，为未来的职业发展打下坚实的基础。而且，大学生通过参与不同领域、不同行业的实践活动，能够接触到不同的人、事、物，从而拓宽自己的视野和认知范围。这种经历不仅能够丰富大学生的人生阅历，还能够激发大学生的创造力和创新精神。

2. 广泛的社会支持系统在大学生应对挫折与压力中的作用

当大学生面临挫折与压力时，广泛的社会支持系统是大学生走出困境的重要力量。这个系统包括家人、朋友、同学、老师以及各类社会组织等，能够为大学生提供情感上的支持、物质上的帮助以及专业上的指导，帮助大学生渡过难关。家庭是大学生最亲密的社会支持来源。家人的关爱和支持能够让大学生在面临困难时感受到温暖和力量。朋友和同学则是大学生日常生活中的重要伙伴，能够与大学生分享快乐、分担痛苦，提供情感上的慰藉和支持。老师和各类社会组织则能够为大学生提供专业上的指导和帮助，帮助大学生解决问题、克服困难。而广泛的社会支持系统不仅能够为大学生提供实际的帮助和支持，还能够增强大学生的心理承受能力和抗挫能力。当知道自己在困难时有人可以依靠和求助时，大学生会更加勇敢地面对挑战、克服困难。这种心理上的支持和鼓励对于大学生的成长和发展具有重要的意义。因此，大学生应该积极主动地投身社会实践、扩大人际交往、建立广泛的社会支持系统。通过参与实践活动和与人交往，大学生能够全面提升自己的素质和能力；通过建立广泛的社会支持系统，大学生能够在面临挫折与压力时得到及时的帮助和支持。这些经历和支持将成为大学生人生旅程中宝贵的财富。

（四）及时寻求心理咨询的帮助

1. 敞开心扉，及时寻求心理咨询的重要性

对于大学生而言，面对学业压力、人际关系、未来规划等多重问题，有时难免会感到迷茫和无助，此时，敞开心扉，及时寻求心理咨询的帮助，就显得尤为重要。心理咨询不仅是一个解决问题的过程，更是一个自我探索和成长的过程。通过专业的心理咨询，大学生可以学会如何更好地认识自己，理解自己的情绪和行为模式，从而找到应对困难和挫折的有效方法。同时，心理咨询还能够提供一个安全、保密的环境，让大学生能够无所顾忌地表达自己的内心感受，释放内心的压力。及时寻求心理咨询的帮助，也体现了大学生对自我心理健康的关注和重视。这种积极的态度不仅有助于解决当前的问题，更能够预防潜在的心理问题，促进个人的全面发展和成长。因此，大学生应该摒弃“有心理问题就是软弱”的错误观念，勇敢地面对自己的内心，敞开心扉，接受专业的心理咨询帮助。

2. 积极利用外部资源，共同应对生活中的挑战

大学生应该意识到，自己并不孤单，周围有许多可以依靠

的力量。在面对困难和挫折时,大学生应该学会积极向外界寻求支持,利用这些资源来共同应对问题。学校是一个充满资源和支持的环境。除了专业的心理咨询服务外,还有各种学生组织、社团活动以及学术指导等,可以为大学生提供多方面的帮助和支持。通过参与这些活动和组织,大学生不仅可以结交志同道合的朋友,还能够拓宽自己的视野和能力,增强应对挑战的信心和勇气。同时,社会也为大学生提供了广阔的资源网络。各种公共服务平台、志愿者组织以及专业机构等,都可以成为大学生寻求帮助和支持的途径。通过积极利用这些资源,大学生可以更好地了解社会、融入社会,并在实践中不断提升自己的能力和素质。

第二章 大学生压力管理与心理调适

第一节 压力的来源与影响

一、压力概述

(一)压力的含义

1. 压力情境或事件

压力情境或事件,这些生活中无法避免的外在客观存在,常常成为压力的源头。它们可能以各种形式出现,或是突如其来的工作挑战,或是学业上的竞争压力,抑或人际关系中的微妙变化。这些情境或事件,就如同一个个刺激点,不断地试探着大学生的心理承受极限。有时候,它们是现实中已经发生的问题,需要立刻去面对和解决;有时候,它们则是未来可能遭遇的困境,让大学生在不安中揣测和担忧。但不论是哪一种情况,这些压力情境或事件都无疑会对大学生的心理状态产生深远的影响。在应对这些压力情境或事件的过程中,每个人的反应都是不尽相同的。有些人能够迅速调整心态,积极面对挑战,将压力转化为动力;而有些人则可能在压力面前显得手足无措,甚至陷入消极的情绪旋涡中无法自拔。这种差异的产生,很大程度上取决于如何认知和评价这些压力情境或事件。

2. 压力认知

压力认知,是对压力情境或事件的主观解读和理解。它不仅仅是一个简单的知觉过程,更是一个复杂的心理评价活动。在这个过程中,需要对外界的信息进行筛选、解释和判断,从而形成自己独特的压力感受。只有当真正知觉到某个情境或事件的存在,并对其产生一定的评价时,压力感才会随之产生。值得注意的是,并非所有的压力情境或事件都会被知觉到。有时候,一些客观上很重要的事情,可能因为主观上的忽视或误解而并未引发压力感。这并不意味着这些事情不存在或者不重要,而是因为大学生的认知系统没有将其识别为压力源。因此,提高大学生的压力认知能力,使其学会正确地评价和处理压力情境或事件,就显得尤为重要。通过提高自我觉察能力、拓宽信息获取渠道、学习科学的压力管理方法等方式,可以更好地认知和评价压力情境或事件。这样不仅可以帮助大学生及时发现并应对潜在的压力源,还可以有效减轻大学生的心理压力和负面情绪。同时,正确的压力认知也有助于大学生更好地理解和接纳自己,以更加积极、健康的心态面对生活中的各种挑战和困境。

（二）压力的主要来源

1. 压力源的分类及其影响

（1）生物性压力源

生物性压力源通常指的是那些直接对个体的生存和种族延续构成威胁的事件。例如，躯体受到的创伤或疾病，这些不仅会带来身体上的痛苦，更可能引发个体对生命安全的担忧。此外，饥饿、噪声、睡眠的剥夺以及气温的剧烈变化，也都属于生物性压力源的范畴，它们以不同的方式影响着个体的生理和心理平衡。

（2）精神性压力源

精神性压力源则主要涉及那些阻碍和破坏个体精神需求满足的事件。其包括个体内部的错误认知结构，比如对自我和世界的扭曲理解，以及个体过去的不良经验，如童年的虐待或丧失亲人等。这些经历可能在个体的成长过程中留下深刻的烙印，影响其性格的形成和心理的健康。长期生活经历所造成的不良个性心理特点，如自卑、焦虑或抑郁等，也是精神性压力源的重要组成部分。

（3）社会环境性压力源

社会环境性压力源主要指的是那些导致个体生活方式改变，并要求个体进行适应的外部情境和事件。这类压力源广泛存在于个体的社会生活中，如工作的变动、学业的挑战、人际关系的紧张等。它们要求个体不断调整自己的行为和心态，以适应新的社会环境。

2. 压力源的共同特点与应对

(1)超负荷

超负荷是指个体所承受的压力超过了其应对能力。当个体面临的任务要求过高,或者刺激过于强烈时,就可能产生超负荷的感觉。这种感觉不仅会影响个体的心理状态,还可能导致其生理功能的紊乱。

(2)动机冲突

动机冲突是指个体在追求目标的过程中,遇到了相互矛盾或不可兼得的情境。这种冲突可能源于个体内部的需求不一致,也可能是外部环境的变化所导致的。动机冲突会使个体陷入纠结和焦虑之中,增加其心理压力。

(3)不可控制性

不可控制性是指个体在面对某些压力源时,感到自己无法掌控局面或改变现状。这种无力感可能源于个体的实际能力不足,或者是外部环境的限制所造成的。当个体感到自己无法对压力源实施有效控制时,就容易产生挫败感和无助感。

面对这些具有共同特点的压力源,个体需要学会采取有效的应对策略。这包括调整自己的认知结构,以更积极的心态去看待问题;提高自己的应对能力,通过学习和实践来提高处理压力的技巧;寻求外部的支持和帮助,与他人共同分担压力并寻求解决方案。通过这些方式,个体可以更好地应对各种压力源带来的挑战,保持身心的健康与平衡。

(三)大学生常见的压力

1. 新生适应

新生适应,这是一个专门针对初入大学校园的学生们所面临的压力议题。在现行的教育制度之下,学生们从小学至高中的学习和生活往往都遵循着一种相对固定且熟悉的模式。然而,当大学生迈进学校的门槛,一种全新的、截然不同的学习和生活环境便展现在了眼前。这种变化是全方位的,深入到了学习和生活的每一个角落。试想一下,之前的学习方式是老师细心指导,手把手地教,而如今,老师更多的是扮演着引路人的角色,学习的主动权交还给了学生自己,自学成了主旋律。生活方面,原来的走读生活一下子转变为了住校生活,这意味着大学生需要独立处理日常生活中的各种琐事,学会自我管理。再来看看学习目标和内容的变化。之前,学习目标清晰明确,主要就是为了升学考试。但现在,目标变得多元化、复杂化,甚至有时候显得有些模糊。学习内容也不再是千篇一律,而是提供了更多的选择空间,学生们可以根据自己的兴趣和职业规划来选修课程。

人际关系方面,也经历了翻天覆地的变化。之前,大学生可能并不需要花费太多心思在人际交往上,但现在,大学生必须面对来自五湖四海、性格迥异的同学,学会在复杂的人际网络中找到自己的位置。这不仅是一种社交能力的挑战,更是一种心理适应能力的考验。至于主要任务的变化,则更是显而易见。之前一切是为了升学考试而学习，而现在，学习不再是唯一的重心。大学生需要为将来的就业做好全面的准备，这包括但不限于专业知识的积累、实践经验的获取、综合素质的提升等。并且，很多大学生可能是第一次离开家乡，来到一个完全陌生的城市，这里的语言环境、生活习惯、生活水平、社会环境以及文化氛围都可能与大学生过去所熟悉的环境大相径庭。这种全新的环境无疑会给大学生带来一种既新鲜又充满挑战的体验。

2. 专业选择

专业选择，对于每一位即将踏入或已经踏入大学殿堂的学子而言，都是一次至关重要的抉择。它不仅关乎学生未来的就业机遇，更在某种程度上决定了其职业发展的满意度与薪酬层次。因此，如何能够明智地挑选出一个既符合自身兴趣，又具备广阔前景的专业，成了摆在众多大一学生面前的一大难题。选择专业，不仅是对知识的追求，更是对未来职业生涯的一次深思熟虑的规划。一个合适的专业，能够极大地激发学生的学习热情与探索欲望，使得其在求知的道路上走得更加坚定与顺畅。同时，它也为学生日后的求职之路铺设了坚实的基石，使得大学生在激烈的职场竞争中能够脱颖而出，实现自身的价值。但是，专业选择并非一件易事。大多数的高中生及其家长、学校教师对学校的专业体系、各专业的特色与要求，以及专业的发展趋势等往往缺乏深入的了解。这导致了许多学生在选择专业时，或多或少地带有一定的盲目性。大学生可能基于一些表面的了解或是他人的建议而做出决定,而这样的选择往往难以完全符合学生的真实意愿与需求。

进入大学后,随着对所选专业的深入了解,大学生可能会发现自己当初的选择并不如人意。这时,如果调整专业的可能性已经微乎其微,大学生将不得不面临一个两难的境地:一方面,大学生需要投入大量的时间和精力去学习一个并不热爱的专业;另一方面,大学生对于自己真正热爱的领域只能望洋兴叹,因为繁重的学业已经占据了大学生大部分的时间与精力。这样的困境无疑会给大学生带来巨大的心理压力与挫败感。因此,对于每一位大一新生而言,如何在专业选择这一关键节点上做出明智的决策,就显得尤为重要。大学生需要通过各种途径去了解不同专业的课程设置、培养方向、就业前景以及专业特点等信息,以便能够更加全面、客观地评估各个专业的优劣与适合度。同时,大学生也需要对自己的兴趣、特长、性格等因素进行深入的分析与反思,从而找到一个既能够发挥自身优势、又能够满足个人兴趣的专业方向。

3. 人际关系问题

在我国的大学校园里,寝室成了学生们日常学习和生活的重要场所。同寝室的成员,往往来自同一个班级,人数通常在四到八人之间。这种设置使得大学生之间的接触非常频繁和紧密,共同度过了大量的时光。这样的环境为大学生提供了建立深厚友谊的机会。同寝室的伙伴们常常步调一致,共同行动。无论是去食堂享用美食,还是一起打开水,抑或上课、自习,甚至是逛街,大学生都形影不离。这种高度的同步性不仅体现了大学生之间关系的亲密,也成了大学生活中一道独特的风景线。然而,正如一枚硬币有两面,这种紧密的生活联系也可能带来一些问题,尤其是人际关系方面的挑战。由于彼此间的接触过于密集,每个人的物质空间和心理空间都相对变得狭小。这种情况下,即使是微小的差异或不满也可能被放大,进而引发摩擦和冲突。团体动力学的相关研究也指出,在三四人的小团体中,很容易出现分裂现象,即部分成员结成小团体,而使其他成员感到被孤立。这种分裂不仅会影响团体内部的和谐,还可能对个体的心理健康造成负面影响。此外,来自不同地区、不同家庭背景的学生们,带着各自独特的生活习惯和性格特征聚集在同一寝室里。有人早睡早起,追求规律生活;有人则习惯在深夜寻找灵感或娱乐。有人在寝室里静心学习,期望一个安静的环境;有人则更喜欢在寝室里畅谈天下,享受交流的乐趣。这些生活习惯上的差异,如果不加以妥善调和,很容易引发矛盾。更为重要的是,每个人的性格特征也在其中起着重要作用,有些人内心渴望与人交往,却因性格内向、敏感而难以迈出第一步,从而错失了建立友谊的机会,另一些人则可能因为以自我为中心,缺乏对他人的考虑和付出,而导致人际关系紧张。这些性格上的特点,使得大学生在处理人际关系时面临更多的挑战。当这些摩擦和冲突积累到一定程度时,它们可能会以更为激烈的形式爆发出来,对寝室的和谐氛围造成破坏。寝室人际关系问题因此成了大学生人际关系问题中尤为突出的一环,也是给大学生带来巨大心理压力的重要因素。在这种环境下,如何处理好与寝室同学的关系,成为每个大学生都需要面对和学习的课题。

二、压力的作用与功能

(一)压力的正面作用

1. 压力激发潜能与动力

当感受到压力时,往往也是潜能被激发的时刻。就像是在平静的湖面上投下一颗石子,荡起的涟漪展示了水面的活力与变化。同样,压力的到来,打破了大学生原有的舒适区的平衡状态,迫使其走出安逸,去迎接挑战。想象一下,当一项重要的任务摆在你面前,时间紧迫,要求严格,你会感受到前所未有的压力。但正是这种压力,让你全神贯注、思维敏捷,甚至在关键时刻迸发出前所未有的创意和解决方案。这就是压力所带来的正面效应,它像是一剂催化剂,让你的潜能得到充分的释放和发挥。不仅如此,压力还是驱动前进的动力。在追求目标的过程中,大学生难免会遇到困难和阻碍,这些都会给大学生带来压力。但正是这些压力,让大学生更加明确自己的方向,坚定自己的信念,以更加饱满的热情和决心去迎接每一个挑战。常说,“没有压力就没有动力”,正是因为压力的存在,我们才更加珍惜每一次的机会,更加努力地去拼搏和奋斗。

2. 压力指引人生方向与自我证明

在人生的旅途中，都会面临各种各样的选择和挑战，而压力往往是做出决策的重要参考。当个体感受到压力时，说明对自己的期望和要求还没有达到满足，还在追求更好的自己。这种对自我的期待和追求，正是人生方向的重要指引。有时候，个体会因为害怕失败而回避压力，选择安逸和舒适。但真正的成长和进步，往往都是在面对压力、克服困难的过程中实现的。压力让大学生更加清晰地认识到自己的不足和局限，进而激发大学生去学习和提升，去突破自己的极限。在这个过程中，大学生不仅实现了自我价值的提升，也找到了属于自己的人生方向。同时，压力还是一种自我证明的方式。当能够承受住压力、克服困难、实现目标时，大学生会感受到前所未有的成就感和满足感。这种成就感不仅是对自身能力的肯定，也是对自身价值和意义的证明。它让大学生更加坚信自己的能力和潜力，更加勇敢地去追求自己的理想和目标。

（二）压力的负面影响

1. 压力过大的心理症状

压力，这个生活中无处不在的存在，它带来的影响是复杂且多变的，可以是正面的激励，也可以是负面的压抑，这完全取决于压力的大小以及个体对压力的承受能力。想象一下，当压力如潮水般涌来，个体首先会在心理上产生明显的反应。焦虑与紧张如同无形的枷锁,束缚着人的思维与行动;迷惑与烦躁则像是迷雾,让人在前行的道路上迷失方向;敏感和喜怒无常更是加剧了人际关系的紧张与不和谐。这些心理上的反应,如同压力的第一道警报,提醒着个体正身处不寻常的状态之中。随着时间的推移,压力的影响逐渐渗透到个体的道德和情感层面。原本坚守的道德准则在压力面前变得脆弱不堪,情感也逐渐变得麻木和冷漠。个体可能会发现自己对周围的事物越来越漠不关心,感情被压抑,兴趣和热情也日渐消退。工作,这个曾经让人充满激情的舞台,如今却只剩下厌倦和疲惫。当压力持续存在,个体的意志也会受到严重的打击。自信心在压力的摧残下变得支离破碎,悲观失望和无助的心理开始占据上风。个体开始怀疑自己的能力和价值,对未来失去信心和希望。这种心理状态不仅影响着个体的日常生活和工作表现,更可能对其心理健康造成长远的伤害。此外,无论是短期记忆还是长期记忆,都可能在压力的作用下出现衰退。个体可能会发现自己越来越难以集中注意力,思维变得迟钝和混乱。这种精神上的疲劳和错觉不仅降低了工作效率,也增加了出错的可能性。

2. 压力过大的生理症状

当个体面临压力时,心率会不自觉地加快,血压也随之增高,这是身体为了应对外部挑战而做出的自然反应。然而,当这种反应持续存在,就会对身体造成不小的负担。在压力的作用下,身体会感到疲劳,肌肉也变得紧张起来,尤其是头部、颈部、肩部和背部的肌肉,如同一根紧绷的弦,随时可能断裂。同时，汗流量会增加，恶心、胸闷和头痛等症状也可能接踵而至，这些都是身体在压力下发出的求救信号。除此之外，压力还可能引发疑病症，让人对自己的健康状况产生担忧，睡眠质量也会因此受到影响。皮肤作为人体的第一道防线，在压力下也会变得干燥、出现斑点和刺痛感。更为严重的是，压力还可能扰乱消化系统的正常运作，导致胃痛、消化不良等问题，甚至可能加剧溃疡的扩散。值得注意的是，个体在应对压力的不同阶段会表现出不同的生理反应。根据加拿大著名生理学家塞利的研究，白鼠在持续压力下的反应过程可以分为三个阶段，这一规律同样适用于人类。首先是警戒反应阶段，当压力突然降临时，个体会感到情绪震撼，随后生理功能会增强，以保护生命安全和抵抗力。接下来是抵抗阶段，在这个阶段生理功能逐渐恢复正常，表示个体已经适应了压力环境。然而，如果压力持续存在，个体的能量就会耗尽，适应能力也会下降，最终进入衰竭阶段。在这个阶段，个体会感到精疲力竭，身体崩溃，各种疾病也会趁虚而入。因此，应正视压力对身体的影响，学会合理释放压力，保持身心健康。如，可以通过运动、冥想等方式来放松身心，建立良好的社交网络以寻求支持和帮助，培养积极的心态来应对生活中的挑战。只有这样，才能在压力面前保持冷静和理智，避免身心受到过度的伤害。

三、压力的主要影响因素

（一）经验

1. 经验塑造应对压力的心态

在面对生活中的各种事件或情境时，经验无疑是最宝贵的财富之一。它像一面坚固的盾牌，为大学生抵挡住压力的侵袭，同时也像是一把锋利的剑，帮助大学生更好地应对挑战。通过对跳伞者的调查发现，那些拥有丰富跳伞经验的人在面对高空跳伞这一极端运动时，恐惧感明显小于那些初次尝试的人。这不仅仅是因为他们已经习惯了高空跳伞带来的刺激感觉，更重要的是，他们在多次的跳伞过程中学会了如何控制自己的情绪、如何在恐惧面前保持冷静。这种由经验塑造的冷静心态，在应对生活中的其他压力时同样发挥着重要作用。那些经历过各种人生风雨、积累了丰富经验的人，往往能够在压力面前保持镇定，用平和的心态去分析和解决问题。他们知道，惊慌失措只会让自己陷入更加被动的境地，而冷静应对才是走出困境的关键。因此，有经验的大学生更能够在压力之下保持清醒的头脑，做出正确的决策。

2. 经验提高抵抗压力的能力

除了塑造应对压力的心态外，经验还能够在实质上提高抵抗压力的能力。这种能力并非一蹴而就，而是在不断经历、不断学习的过程中逐步积累起来的。那些一帆风顺的人,在遭遇突如其来的打击时,往往会因为缺乏应对经验而显得手足无措。大学生的内心世界就像是一座没有经历过风雨的温室,一旦遭遇外界的压力和挑战,就很容易崩溃。而对于那些人生坎坷的人来说,情况却截然不同。大学生在生活中已经历过无数的起伏和波折,每一次的挫折都成了其宝贵的经验。这些经验让大学生在面对相同的打击时,能够更加从容地应对,甚至将压力转化为动力,激发出更大的潜能。大学生的内心世界经过无数次的锤炼和磨砺,已经变得坚韧而强大,足以抵御各种压力的侵袭。

(二)准备状态

1.心理准备对压力感受的深远影响

在生活的每一个角落,或多或少都会面临各种压力事件,而有些人在这些事件面前能够泰然处之,有些人则显得手忙脚乱,其中的关键便在于是否有了充分的心理准备。心理学家通过对比接受手术的两组患者的不同反应,深刻揭示了心理准备对应对压力的重要性。对于那些术前被详细告知手术过程及可能出现的后果的患者,因为有了足够的心理预期,所以对手术中及手术后可能遇到的痛苦和挑战有了更为客观和全面的认识。这种心理准备像是一剂强有力的预防针,让大学生在真正面对手术带来的痛苦时,能够将其视为治疗过程中的正常现象,并以更为平和、坦然的心态去接受。这样的心态不仅有助于减轻大学生的痛苦感受,还能促进大学生的康复。反观那些对手术一无所知的患者,由于缺乏必要的心理准备,可能会对手术和术后的痛苦感到过分的担忧和恐惧。这种负面情绪不仅增加了大学生的心理压力,还可能对大学生的身体康复造成不良影响。大学生往往对手术的成功与否持怀疑态度,这种不信任感无疑进一步加剧了其内心的焦虑和压力感受。

2. 应对压力的准备是减轻伤害的关键

在面对生活中的各种压力事件时,是否有足够的准备去应对,往往决定了个体最终会受到多大的影响和伤害。研究结果显示,那些对压力事件有充分准备的人,往往能够更有效地应对挑战、减轻伤害,并能够更快地恢复正常生活。以手术患者为例,那些有准备的患者在术后不仅止痛药用得更少,而且平均提前三天出院。这充分说明,有应对压力的准备不仅能够帮助个体更好地应对压力事件本身带来的挑战,还能够减轻这些事件对大学生造成的身心伤害。这种准备包括了对可能发生的情况的预判、对应对策略的规划和演练,以及对自己心理和情绪的调整和准备。这种准备的过程其实也是一种自我赋能的过程。通过提前了解可能面临的困境和挑战,能够有更多的时间和空间去思考应对策略、寻找解决方案,并在这个过程中不断增强自己的抗压能力和自信心。当真正面临压力事件时,这些积累的能量和经验就会转化为大学生的应对力量,帮助个体更好地渡过难关。

（三）环境

1. 工作环境对个体压力的影响

在探讨个体压力来源时，工作环境无疑是一个核心因素。工作环境不仅指物理空间，更包括工作任务、角色定位、组织支持以及人际沟通等多个层面。当这些因素出现不平衡或冲突时，便可能成为压力的源泉。长时间的工作负荷，不仅会影响大学生身体的健康，还会让心灵感到疲惫不堪。角色不明同样会带来不小的困扰。当个体在工作中无法清晰把握自己的职责和权限时，便可能陷入迷茫和焦虑之中。此外，支持不足和沟通不良也是工作中常见的压力因素。缺乏来自同事或上级的支持，会让人感到孤立无援；而沟通不畅则可能导致误解和冲突，进一步加剧压力感。而且，当工作任务合理分配、角色定位明确、组织支持充足、人际沟通顺畅时，个体便能更加高效地完成工作，同时保持良好的心理状态。

2. 家庭环境对个体压力的影响

家庭，作为个体生活的另一个重要领域，同样会对压力产生深远的影响。家庭环境包括夫妻关系、子女教育、经济问题、家务分配以及邻里关系等多个方面，这些方面的和谐与否，直接关系到个体的压力感受。夫妻关系的紧张或疏远，往往会让个体感到孤独和失落，从而产生压力。子女教育问题也是许多家庭面临的共同挑战。无论是学业成绩、行为习惯还是心理健康,子女的成长问题都可能成为家长的压力源。经济问题同样不容忽视。无论是收入不足还是支出过大,经济压力都可能让家庭成员感到焦虑和不安。此外,家务劳动的分配不均以及邻里关系的不和,也可能成为家庭中的压力点。当家庭关系和谐、经济稳定、子女健康成长时,个体便能更加从容地面对外界的挑战和压力。因此,对于每一个家庭成员而言,努力营造一个和睦、温馨的家庭环境,不仅有助于增强个体的幸福感,更有助于缓解外界带来的各种压力。同时,家庭成员之间的相互理解和支持也是缓解压力的重要途径。在面对家庭问题时,通过积极的沟通和协商,共同寻找解决方案,能够有效地减轻个体的压力感受。

第二节　大学生压力管理的现状与挑战

一、当前大学生压力管理的现状

(一)大学生压力管理意识的觉醒

1. 自我认知与压力感知

在大学生活中,自我认知与压力感知是压力管理意识觉醒的重要基石。个体对自身的全面理解和深入认识,包括性格特质、兴趣爱好、能力边界以及情绪反应模式等,对于有效应对压力至关重要。首先,自我认知使大学生能明确自身的优势与不足，预见可能面临的压力来源，如学业竞争、职业规划、人际关系等方面的压力，并能够适时调整自我期望值和目标设定，避免过高标准造成的心理负担。其次，具备敏锐的压力感知能力，则意味着大学生能够在压力显现初期就能识别并接纳它，而不是忽视或否定。大学生学会通过观察自身的情绪变化、行为反应及生理症状，及时察觉压力信号，进而采取适当的应对策略，从而避免压力累积至无法承受的程度。总的来说，自我认知与压力感知相辅相成，共同构成了大学生压力管理的核心基础，帮助大学生在面对压力时，更理性、更主动地进行自我调适。

2. 积极应对与消极逃避

在大学生压力管理中，选择积极应对还是消极逃避，直接影响其生活质量和心理健康。积极应对压力的理念主张大学生直面挑战，视压力为成长的动力而非阻力。在遭遇困难时，大学生不仅会调动内部资源如提升自我效能感，增强解决问题的能力，还会借助外部资源如寻求他人的帮助、利用校园资源等途径，共同化解压力。此外，积极应对还包括了培养良好的压力释放方式，比如运动、阅读、艺术创作等活动，这些都可以作为有效的压力调节机制，让大学生在应对压力的过程中实现自我的完善与升华。而消极逃避则是压力管理中的反例。部分大学生在面临压力时，倾向于选择回避问题、压抑情感或者过度依赖他人，这种应对方式看似暂时缓解了压力，却可能导致问题长期存在甚至加剧，同时也剥夺了大学生锻炼和提升自我应对能力的机会。因此,引导大学生树立正确的压力观念,鼓励大学生积极面对、有效应对压力,而非选择消极逃避,是推动其压力管理意识觉醒的关键所在。唯有如此,大学生才能真正从压力中蜕变,成长为独立自主且具有韧性的个体。

(二)校园压力管理服务的现状

1. 心理咨询中心的角色与功能

在现代大学校园中,心理咨询中心已经成为不可或缺的一部分,它承载着帮助学生解决心理问题、缓解压力的重要使命。心理咨询中心通常由专业的心理咨询师或心理医生组成,他们具备丰富的心理学知识和实践经验,能够为学生提供个性化的心理咨询服务。这些服务包括但不限于压力评估、情绪管理指导、心理危机干预等,旨在帮助学生更好地应对学业、生活、情感等各方面的压力。除了提供一对一的咨询服务外,心理咨询中心还常常组织各类心理健康教育和宣传活动,如讲座、工作坊、心理健康周等,通过这些活动普及心理健康知识,提高学生的心理素质和自我调适能力。同时,心理咨询中心也注重与校园内其他部门的合作,共同构建一个支持性的学习环境,使学生在面对压力时能够得到及时、有效的帮助。

2. 压力管理课程的设置与实施

随着大学生压力问题的日益突出,越来越多的学校开始重视压力管理课程的设置与实施。这些课程通常作为选修课或必修课的一部分,旨在通过系统的教学和实践,帮助学生认识压力、了解压力的来源和影响,并学会有效的压力应对策略。压力管理课程的内容丰富多样,包括压力的基本理论、压力的生理与心理反应、压力应对的技巧与方法等。在教学方法上,除了传统的讲授式教学外,还广泛采用案例分析、小组讨论、角色扮演等互动式教学方法,以提高学生的参与度和学习效果。同时,课程还注重理论与实践相结合,鼓励学生将所学知识应用到日常生活中去,通过实践来不断提升自己的压力管理能力。

3. 家庭与社会对大学生压力管理的支持

大学生在面对压力时,除了校园内部的支持外,家庭和社会的支持也同样重要。家庭是大学生的避风港,是大学生情感支持的重要来源。在家庭中,父母可以通过倾听、理解、鼓励等方式来帮助大学生缓解压力,增强大学生的自信心和抗压能力。同时,家庭也可以为大学生提供必要的物质支持,如经济援助、学习资源等,以减轻大学生的经济压力和学习负担。社会则通过各种渠道和资源为大学生提供压力管理方面的支持。例如,各类公益组织和社区机构会定期举办心理健康讲座、提供心理咨询服务等,帮助学生更好地应对压力。此外,企业和社会团体也会设立奖学金、实习机会等,以减轻大学生的就业压力和经济负担。这些来自家庭和社会的支持共同构成了一个全方位、多层次的压力管理体系,为大学生在面对压力时提供了有力的支撑。

二、大学生压力管理面临的挑战

（一）传统观念与现代压力的冲突

1. 对压力的认知误区

传统观念往往将压力视为负面的、需要避免的东西，认为它会导致身心疲惫、影响学习和生活。而在现代社会中，压力已经成了一种常态，甚至被看作推动个人成长和进步的动力。这种认知上的误区，让许多大学生在面对压力时感到困惑和无助。一方面，传统观念强调“安逸”与“稳定”，认为人应该追求一种无忧无虑的生活状态。在这样的观念影响下，大学生可能会将任何形式的压力都视为敌人，试图逃避或消除它。然而，在现实生活中，压力是无法完全避免的，而且适度的压力还能激发人的潜能，促进个人的成长和发展。因此，这种对压力的片面认知，不仅无法帮助大学生有效应对压力，反而可能让大学生陷入更深的困境。另一方面，现代社会对压力的看法更加多元和开放。许多人认为，压力是生活的一部分，它既有消极的一面，也有积极的一面，关键在于如何正确地看待和处理压力。然而，这种现代的压力观念并没有完全被大学生所接受。部分大学生仍然停留在传统的认知框架内，无法理解和接受压力的积极性，从而限制了大学生应对压力的能力和方式。

2. 应对策略的单一性

受传统观念影响，许多大学生在面对压力时往往采取单一的应对策略，如逃避、压抑或抱怨等。这些策略虽然可能在短期内起到一定的缓解作用，但长期来看并不利于问题的解决和个人成长。当遇到压力或困难时，大学生可能会选择逃避现实，沉浸在虚拟世界中寻找安慰。然而，逃避并不能真正解决问题，反而会让问题变得更加复杂和难以处理。压抑策略则是将内心的压力和不满隐藏起来，试图通过忽视或否认它们来保持内心的平静。然而，这种做法往往会导致情绪的积累和集中爆发，最终对身心健康造成更大的伤害。与此同时，现代社会提供了更多的应对策略和资源来帮助个体有效管理压力。例如，心理咨询、运动放松、时间管理等都是被广泛认可的压力管理方式。然而，由于大学生对压力的认知误区以及传统观念的限制，大学生往往无法充分利用这些现代资源来应对压力。因此，在解决大学生管理传统观念与现代压力的冲突时，引导大学生走出认知误区、拓展应对策略显得尤为重要。

（二）校园资源与支持系统的不足

1. 专业人员的缺乏

在当前的学校环境中，尽管许多大学已经开始重视学生的心理健康教育与压力管理，但在实际操作层面，专业人员的配备仍显不足，这成为压力管理校园资源与支持系统的一大短板。心理咨询师、心理辅导员等专业人才的数量有限，往往难以满足广大大学生日益增长的心理咨询需求，尤其是在应对学习压力、生涯规划、人际关系等各种复杂压力源时，大学生可能无法得到及时、精准的专业指导与帮助。此外,由于专业师资力量的短缺,一些针对压力管理的有效干预措施,如个体咨询、团体辅导、工作坊等,实施力度和频率也受到限制,导致不少大学生在面临压力困扰时找不到合适的支持渠道,进一步加重了大学生的心理负担。

2. 活动与课程的覆盖面问题

尽管许多大学已开设有心理健康教育课程以及举办各类减压活动,但在内容设计与覆盖面上仍存在一定的局限性。一方面,相关课程内容可能过于理论化,未能充分结合大学生日常生活中的具体压力情境,使得学生在课堂学习到的知识难以直接应用到现实生活中的压力应对上。另一方面,举办的减压活动形式虽然丰富多样,但参与度和影响力参差不齐,部分活动可能并未触及所有需要帮助的学生群体,尤其是那些因种种原因不愿主动参与的大学生,大学生的压力管理需求并未得到有效解决。此外,活动与课程的时间安排也可能与学生的学习时间产生冲突,导致部分学生在关键时刻无法获取必要的压力管理支持。因此,如何优化活动与课程的设计,扩大其在大学生群体中的覆盖面,使其更加贴近学生的真实需求,成了完善校园压力管理资源与支持系统亟待解决的问题。

(三)社会环境对大学生压力的加剧

1. 就业市场的竞争加剧大学生压力

随着教育普及率逐年提高,大学生数量大幅增加,就业岗位的竞争日趋白热化。为了在毕业后获得理想的工作,大学生不得不提前做好充足的准备,如提高专业技能、积累实践经验、拓展人脉关系等,这一过程无形中加大了大学生的学业压力和对未来不确定性的担忧。同时,企业对求职者的综合素质要求也在不断提高,使得大学生不仅要专注于学术研究,还要投入大量精力去提升个人其他各方面能力和适应社会需求,这对大学生的身心提出了严峻考验,使得压力陡增。

2. 社会期望与现实落差加深大学生压力体验

社会对大学生抱有较高的期待,认为大学生是未来社会发展的重要支柱和创新动力,这在一定程度上增加了大学生自我价值实现的压力。然而,当个体的实际发展与社会的普遍期望出现落差时,例如毕业后的薪资待遇、职场地位未达到预期,或是短期内难以实现理想的生活状态,大学生可能会感到深深的挫败感和无力感,从而加重了自身的心理压力。此外,社交媒体的普及也加剧了这种落差感,通过网络平台,大学生容易看到同龄人取得的成功,从而对自己的现状产生不满,进一步加大了大学生的心理压力。

3. 个体差异与心理韧性的培养在大学生压力应对中的作用

每一个大学生都拥有独特的个性特征和生活背景,这些个体差异在很大程度上影响着大学生对压力的感知和应对方式。有的大学生可能因为性格开朗、乐观,易于适应新环境和应对挑战,故而在压力面前表现出较强的抗压能力;而另一些内向、敏感的大学生则可能更容易受外界压力的影响,难以有效应对。因此,在当前高压的社会环境下,培养大学生的心理韧性显得尤为重要。通过提供针对性的心理辅导、开展挫折教育和强化自我效能感等方式,帮助大学生建立健康的心理防御机制,学会在逆境中坚持与成长,将有助于大学生更好地应对来自就业市场、社会期望等方面的多重压力,实现自身的全面发展。

第三节　压力管理策略与心理调适方法

一、压力管理的策略

(一)构建自己的社会支持系统

1. 构建社会支持系统的意义与方法

在人生的旅途中,每个人都会遭遇各种压力和挑战,有些压力沉重得仿佛让人喘不过气来。然而,当拥有一个坚实的社会支持系统时,那些曾经看似无法逾越的障碍,都会变得不再那么可怕。社会支持系统,就像生活中的一盏明灯,照亮大学生前行的道路,给予大学生力量和勇气。构建社会支持系统的意义在于,它能够帮助大学生在面对困难时不再孤单。亲人、朋友、同学和老师,都是生活中的重要角色,能够在关键时刻给予大学生情感上的支持和行动上的建议。这种支持不仅能够帮助大学生渡过难关,更能够让大学生在心理上得到慰藉,在精神上得到鼓舞。要构建这样一个系统,尊重他人的前提。尊重是建立任何人际关系的基础,只有真诚地尊重他人,才能够获得他人的信任和友谊。这种尊重体现在日常生活中的言行举止中,无论是对待家人还是朋友,都应该保持一种平等、友善的态度。此外,扩大社会交往面也是构建社会支持系统的重要途径。大学生应该主动地走出自己的小圈子,去结识更多的人,与其他人建立联系。同学可以成为亲密无间的朋友,老师或者其他长者则可以在自己迷茫时给予指引。通过这些交往,能够不断地丰富自己的人际关系网络,为未来的生活打下坚实的基础。

2. 敞开心扉,让社会支持系统发挥最大作用

敞开心扉的过程可能并不容易,因为害怕被误解、被嘲笑。而只有当大学生勇敢地迈出这一步,才能够让他人真正地了解,也才能够获得最真挚的帮助。当大学生向亲人、朋友和老师倾诉自己的困惑和烦恼时,他们会给予最直接的关怀和支持。这种支持不仅能够帮助解决问题,更能够让他们感受到人间的温暖和真情。同时,敞开心扉还能够让大学生更加客观地看待自己。在与他人的交流中,大学生能够听到不同的声音、看到不同的事物,从而更加全面地认识自己。这种自我认知的提升,不仅能够帮助大学生更好地应对压力和挑战,更能够让其在人生的道路上走得更加坚定和自信。

（二）觉知和调整自己的生理状态

1. 觉知自身的生理状态与压力信号

在快节奏的生活中，压力无形中渗透进每个人的日常。要想在这股压力洪流中稳住阵脚，关键在于培养一种对压力的敏锐觉知力。生理状态，作为压力最直接的指标，提供了一个观察和理解自身压力状况的窗口。当外界压力袭来，身体会本能地启动一系列防御机制，以应对可能的威胁。这种应激反应可能表现为心跳加速、呼吸急促、血压升高，甚至是肌肉紧张。而很多时候，个体忙于应对外界的挑战，却忽略了身体发出的这些微妙信号。为了更有效地管理压力，个体需要学会倾听身体的声音，觉察那些微妙的生理变化。这要求在日常生活中，有意识地关注自己的身体感受，特别是在高压情境下。通过记录自己在不同压力情境下的生理反应，个体可以逐渐锁定那些与压力紧密相关的反应指标。这种对生理状态的觉知，就像是在内心安装了一台雷达，时刻监测着压力的动态。每当身体出现特定的不适反应时，这台雷达就会发出警告，提醒个体及时调整自己的状态。这种预警机制的形成，不仅有助于个体及时识别压力，更为后续的压力管理提供了重要的信息支持。

2. 调整生理状态以应对压力

在觉知了自身的生理状态与压力信号后，下一步便是学会如何调整这些生理反应，以更积极地应对压力。毕竟，仅仅知道问题的存在并不足以解决问题，关键在于采取有效的行动。面对压力时，心跳加速、呼吸急促等生理反应是自然的，但长时间处于这种状态对身体健康不利。因此，个体需要学会通过一些方法来控制这些不良的生理反应。深呼吸、冥想和身体放松练习都是有效的手段。通过深呼吸，个体可以刺激副交感神经系统，有助于降低心率和血压；冥想可以帮助个体聚焦当下，减少对未来不确定性的焦虑；身体放松练习则能够缓解肌肉的紧张感，减轻身体的压力负担。除了这些即时的调整方法外，建立长期的良好的生活习惯也是关键。保持规律的作息、均衡的饮食和适量的运动，都有助于增强身体的抗压能力。一个健康的身体，能够更从容地应对生活中的各种挑战。

（三）减轻和消除自己的心理负累

1. 户外体验与健身活动的积极影响

置身于广袤的大自然中，无论是独自探索还是与同伴共度，户外体验和健身活动都为个体提供了一个绝佳的平台，让个体能够有意识地控制和调节自己的身心活动。在这样的环境中，每一次深呼吸都似乎带着清新的空气和自然的香气，让人心旷神怡。户外旅行不仅让大学生远离城市的喧嚣和日常的烦恼，更让大学生有机会亲近大自然，感受它的宁静与和谐。而健身活动，无论是徒步、骑行，还是攀岩，都需要投入足够的体力和精力，这种投入往往能够转移大学生对压力的过度关注，使大学生在汗水中释放压力，找到内心的平静。更重要的是,这些活动能够帮助大学生降低机体的唤醒水平,调整那些因紧张而紊乱的身心功能,让大学生的内环境重新找回平衡与稳定。

2. 从书籍中汲取榜样力量以应对压力

当站在人生的十字路口,面对重重压力而不知所措时,书籍往往是最好的导师。特别是那些杰出人物的传记,它们不仅仅是故事的叙述,更是经验的传承和智慧的积累。这些人物,无论身处哪个时代、哪个领域,都曾经历过无数的挫折与巨大的压力,但正是这些经历塑造了他们坚韧不拔的性格和非凡的成就。对于大学生而言,这样的传记不仅仅是励志的读物,更是一面镜子,让大学生看到自己的不足和潜力。在阅读的过程中,可以深入了解这些人物是如何面对压力、如何调整心态、如何克服困难并最终走向成功的。这种了解不仅能够为大学生提供宝贵的经验借鉴,更能够激发大学生内心的力量,让大学生在面对压力时能够更加坚定、更加自信。因此,当感到迷茫或无助时,不妨打开一本书,从那些杰出人物的故事中寻找启示和力量。

3. 寻求专业人士的帮助

心理咨询,这一专业性的人际互动过程,汇聚了专业训练与深厚的心理学知识。在这个特定领域中,经过严格培训的咨询师,凭借精湛的心理学技巧,为那些在心理层面遭遇困扰、渴望获得指引的个体提供有力的心灵支持。对于大学生而言,心理咨询不仅是一个解决问题的途径,更是一个自我成长与提升的过程。在大学校园里,学生们面临着多种多样的挑战:学业的压力、人际关系的错综复杂、未来职业规划的迷茫等。这些挑战,时常会引发大学生内心的波动与不安。而心理咨询,就如同一盏明灯,照亮大学生前行的道路,帮助大学生有意识地审视自我,进行心理层面的调适。通过心理咨询,大学生们可以更加深入地了解自己的内心世界,认识到自己的长处与短处,从而培养出更加健全、积极的个性。在面对挫折与困难时,大学生不再轻易感到迷茫与无助,而是能够凭借咨询中所学到的知识与技巧从容应对,展现出更强的韧性。此外,在咨询的过程中,大学生不仅能学会如何处理当前所遇到的问题,更能学会如何以更加开放、包容的心态去面对未来可能遇到的种种挑战。这种心态的转变,使大学生在生活中更加自信、乐观,能够坦诚地面对自己,豁达地看待世界,坚韧不拔地追求自己的梦想。

表 2-1　压力产生时具体的征兆

类别	具体征兆
生理征兆	头痛的频率和程度不断增加;头部、颈部、肩部和背部的肌肉紧张;皮肤干燥、有斑点和刺痛感。压力大时免疫力会降低,使口腔细菌增多,导致牙龈炎;产生消化系统问题,如胃痛、消化不良或胃溃疡;心悸和胸部疼痛等。

续表2-1

类别	具体征兆
情绪征兆	容易烦躁或喜怒无常；消沉和经常性地忧愁；丧失信心和自暴自弃；感觉精力枯竭且缺乏积极性；有疏远感。
精神征兆	注意力不集中；优柔寡断，难以迅速作出决定；目光短浅，决定草率；记忆力减退，易忘事。长期压力大时会改变大脑神经细胞结构，损害记忆；判断力差，导致作出错误决定；对自己及周围环境存在消极态度。
行为征兆	逃学、破坏、攻击、向周围人发泄情绪、酗酒、吸烟；睡眠质量差，做怪梦；与朋友、家庭、同学关系疏远；经常烦躁和坐立不安；滥用药物，家庭暴力；重者轻生等

二、心理调适的主要方法

（一）自我暗示法

1. 自我暗示法在心理调适中的积极作用

自我暗示，这一心理学的技巧，是指个体通过特定的观念、思想或词语，有意识地对自身进行心理引导，以达到调节心理状态、增强心理韧性的目的。在日常生活中，时常会面临各种压力与挑战，而自我暗示法则成了一种有效的自我调节工具，帮助大学生在波澜起伏的情感海洋中稳住航向。在面对紧张的情境时，比如即将到来的考试或重要的演讲，积极的自我暗示能够帮助大学生平复心跳、缓解紧张情绪。通过反复告诫自己“沉着”，能够在潜意识中建立起一种冷静应对的模式，使得大学生即使在高压环境下，也能保持冷静的头脑和稳定的情绪。这种心理定式的形成，实际上是通过自我暗示，在心灵深处为自己筑起了一道坚固的防线，让大学生在面对挑战时更加从容不迫。同样，在荣誉与成就面前，自我暗示也是保持谦逊、低调的良方。当外界的赞誉与掌声涌来，大学生很容易在沾沾自喜中失去方向，而此刻，若能及时地在心中敲响“谦虚”的警钟，便能够提醒自己不忘初心，保持一颗谦逊学习的心。这种自我暗示，不仅能够帮助避免大学生骄傲自满带来的陷阱，还能够激励大学生继续前行，追求更高的成就。

2. 如何有效运用自我暗示法提升自我能力

自我暗示法不仅仅是一种心理调适的手段，更是一种提升自我能力的有效途径。通过积极暗示，可以激发潜在的动机，引导自己走向成功。然而，要想让自我暗示发挥最大的效用，需要具备坚强刚毅的意志和对自我暗示的坚定不移的信心。在实践中锻炼自我暗示的能力是至关重要的。只有在真实的情境中反复运用、不断磨合，才能够更加准确地把握自我暗示的力度和时机。比如，在遭遇挫折时，可以通过安慰自己“要看到光明，要提高勇气”来提振精神。这种积极的自我暗示能够帮助大学生从失败的阴影中走出来，重拾信心与勇气，面对未来的挑战。此外，只有清楚地知道自己的需求、目标和潜在的动力所在，才能够制定出最适合自己的暗示语句，从而在最短的时间内达到最佳的心理状态。因此，学习自我暗示不仅仅是一种技巧的学习,更是一种对自我深度认知的过程。在这个过程中,不仅能够提升自我暗示的能力,更能够发现自我、了解自我,最终实现自我超越。

(二)自我松弛法

1. 自我宣泄法在情绪调节中的重要性

在快节奏、高压力的现代生活中,个体时常会遭遇各种挫折与困扰,这些负面情绪若长时间积压在心中,无疑会对身心健康造成不良影响。而自我宣泄,正是一种将这些负面情绪有效释放出来的途径。当一个人对生活环境感到厌倦、压抑时,适当的发泄能够成为心灵的出口。无论是开怀大笑,还是在无人处大声喊叫,甚至号啕大哭,都是让内心积郁得到释放的方式。这些看似简单的行为,实际上能够帮助大学生排解心中的苦闷,让紧绷的神经得到放松。倾诉,作为自我宣泄的另一种形式,同样具有显著的效果。找一个值得信赖的朋友,或者与此事无关的人,将心中的烦恼、忧虑一一诉说。在倾诉的过程中,不仅能够感受到情感的宣泄,还能从对方的反馈中获得新的视角和解决问题的方法。这种交流与分享,不仅能够减轻心理压力,还能增进人与人之间的理解与信任。

2. 如何合理运用自我宣泄法提升生活质量

自我宣泄法虽然简单易行,但要想真正发挥其效用,提升生活质量,就需要认识到自我宣泄并不是无节制的发泄,而是需要在合适的时机、合适的地点进行。避免在公共场合或工作场合随意发泄情绪，以免对他人造成困扰或影响自己的形象。而且，不同的人对于宣泄方式的需求和偏好可能有所不同。有些人喜欢通过运动来消耗体力、释放压力；有些人则更倾向于通过写作、绘画等艺术形式来表达内心的情感。选择适合自己的宣泄方式，能够让大学生更加有效地缓解压力、调整心态。并且，宣泄并不是目的，而是手段。在情绪得到释放后，要静下心来思考问题的根源，寻找解决问题的方法。这样不仅能够避免同样的情绪问题再次发生，还能让大学生在面对挑战时更加从容不迫。

（三）自我宣泄法

1. 自我宣泄法在情绪释放中的重要性

当个体在生活或工作中遭遇挫折，感受到心灵的压抑和沉闷时，这种方法能够提供一条安全且健康的出路，让内心的负面情绪得以释放。生活在这个纷繁复杂的世界中，每个人或多或少都会积累一些不愉快的情绪，而这些情绪如果长时间得不到释放，很可能会对个体的心理健康造成不良影响。开怀大笑，是自我宣泄的一种形式，它能够让紧绷的神经得到短暂的放松，将内心的苦闷化作笑声中的无奈与自嘲。大笑之后，个体往往会感到心情变得轻松许多，仿佛那些困扰自己的事情都随着笑声飘散了。同样，选择一个无人的角落，大声地喊叫或号啕大哭，也是一种非常直接且有效的宣泄方式。在这个过程中,个体不需要顾及他人的眼光,只需将内心的情感毫无保留地释放出来,让心灵得到真正的解脱。

2. 自我宣泄法在心理健康维护中的应用

在快节奏的现代生活中,个体面临着来自各方的压力,这些压力如果得不到及时有效的缓解,很可能会引发各种心理问题。而自我宣泄法,正是一种简单易行且效果显著的压力缓解方法。当个体感到心情压抑、情绪低落时,找一个值得信赖的朋友倾诉,往往能够让内心的负担减轻许多。在倾诉的过程中,个体不仅能够将自己的烦恼和忧虑表达出来,还能从朋友的反馈中获得新的视角和解决问题的方法。这种倾诉式的自我宣泄,不仅能够缓解心理压力,还能增进人与人之间的情感联系,让个体感受到来自他人的支持和理解。此外,自我宣泄法还可以通过一些创造性的方式来实现,比如写作、绘画、音乐等艺术形式的表达。这些方式能够让个体在创作的过程中将自己的情感和想法融入其中,从而达到宣泄和治愈的效果。无论是哪一种形式的自我宣泄,关键在于让个体能够找到一个适合自己的出口,让内心的情感得到合理的释放和安置。这样,个体才能在面对生活的挑战时保持心理的平衡和健康。

(四)自我激励法

1. 自我激励法在挑战自我中的力量

自我激励法,是一种深藏于每个人内心的潜能,它能在关键时刻激发出个体内在的无穷力量。当个体面临困境、挑战或自我怀疑的时刻,这种方法便显得尤为重要。它不是外界给予的慰藉或鼓励,而是源自内心深处的自我对话与觉醒,是一种自我赋能的过程。在人生的旅途中,每个人都会遭遇低谷期,被消沉、失望、自暴自弃等不良心理所笼罩。这时,自我激励法便如同一盏明灯,照亮前行的道路。对自己说:"你难道就这样没出息吗?"是对自我能力的一种挑战与质疑,它迫使个体跳出当前的思维框架,重新审视自己的价值和潜力。而"一点小灾难就会把你击倒吗?"则是对自我韧性的考验,它提醒个体,真正的力量并非来自外界的认可,而是源于内心的坚定与不屈。这种自我激励的过程,实际上是一种自我心理暗示与调整的过程。它通过积极的言语刺激,调动起个体内在的自尊心和自信心,使个体从消极的情绪状态中解脱出来,重新找回面对困难的勇气和信心。在这个过程中,个体不仅挑战了自我,也超越了自我,实现了自我成长与蜕变。

2. 自我激励法在塑造积极心态中的作用

在快节奏、高压力的现代社会中,个体时常会感受到来自各方的压力与挑战,这些压力与挑战往往会对个体的心态产生负面影响,而自我激励法则能够帮助个体调整心态,以更加积极、乐观的态度面对生活中的种种挑战。通过自我激励,个体能够学会在困境中寻找希望,在挫折中寻找成长。每当自我怀疑或消极情绪涌上心头时,那些富于挑战性和刺激性的言语便如同及时雨般降临,提醒个体不要轻言放弃,要相信自己有能力战胜一切困难。这种积极的自我暗示与激励,能够逐渐改变个体的思维模式,使其从消极被动转变为积极主动,从而以更加乐观的心态迎接生活中的每一个挑战。此外,在不断的自我激励与自我挑战中,个体能够更加清晰地认识到自己的优点与不足,进而制定出更加明确、可行的目标。同时,在追求目标的过程中,个体也会不断感受到自我价值的提升与实现,从而进一步增强自信心和自尊心,形成一个良性循环。

第三章 大学生人际关系与心理健康

第一节 大学生人际关系的特点与问题

一、大学生人际关系的显著特征

(一)与同学的关系

1. 平等交往是大学生人际交往的基础

在学校这个小社会中,同学们的年龄相仿,学识与地位也基本相当,这些因素共同构成了平等交往的前提。这里没有明显的尊卑贵贱之分,每个人的个性与才华都得到了充分的尊重和展示的空间。家庭的背景差异,虽然客观存在,但在大学校园里,它不再是划分人际关系的标尺。相反,大学生们更加看重的是人格上的平等和相互的尊重,因此,那些能够真诚待人、展现出宽容与大度的大学生,往往在人际交往中显得格外受欢迎。大学生不仅容易赢得他人的信任和友谊,也能在交往中不断提升自我、实现个人成长。然而,也有一些学生在家庭成长环境中形成了“唯我独尊”的性格特征，这种特性在进入大学后可能会成为大学生人际交往的绊脚石。在大学里，每个人都是自己生活的主角，但也需要学会在集体中找到自己的位置，尊重他人的感受和需要。如果将家中的霸道作风带入同学交往中，很可能会引发人际关系的紧张与冲突，甚至让自己陷入孤立无援的境地。因此，对于这部分学生来说，学会调整心态、放下架子、平等地与他人交往，就显得尤为重要。这不仅是提升个人社交能力的需要，更是塑造健全人格、实现全面发展的必修课。

2. 大学生人际关系单纯且友好

相较于社会上的纷繁复杂，大学校园里的人际关系显得尤为单纯和友好。同学们之间的交往，更多是建立在共同的学习目标、兴趣爱好和理想信念之上。大学生在一起探讨学术问题、交流思想观点、分享生活趣事，彼此之间既是学习的竞争者，也是成长的伙伴。这种良性的竞争与交流，不仅有助于提升学生的专业素养和综合能力，也有助于培养大学生团结协作的精神和宽容大度的胸怀。大学生尚未真正融入社会，对于社会的复杂性和多样性还没有深刻的体会和认知。因此，在校园内与同学相处时，更能够保持一颗纯真而善良的心，没有太多的功利性考虑和算计，即使偶尔出现一些小矛盾和摩擦，也往往能够在双方的坦诚相待与共同努力下得到化解。多年后回首往昔，许多人都会感慨不已，学校时代所建立起的同学情谊是最为珍贵而难忘的。这种单纯而美好的人际关系不仅为大学生留下了宝贵的青春记忆，也为大学生未来的人生道路奠定了坚实的基础。

3. 大学生求同倾向的明显表现

在大学校园中，不难发现一个有趣的现象，同学们在交往中往往更倾向于寻找那些与自己兴趣相投、性格相近或互补的人。这种“物以类聚，人以群分”的特点在大学生的人际关系中表现得尤为突出。共同的兴趣爱好、相似的性格特点，或是共同的理想信念，都能成为大学生之间建立深厚友谊的纽带。各类协会、兴趣社、同学会等组织的盛行，更是为这种求同倾向提供了广阔的舞台。在这些平台上，大学生们可以根据自己的兴趣和喜好选择交往对象，从而建立起志同道合的朋友圈，这种求同倾向不仅体现在大学生的日常交往中，更深刻地影响着大学生的社交模式和人际关系网络。兴趣广泛、性格开朗的大学生，往往能够跨越班级、宿舍的界限，将交往范围扩大到全校乃至更广阔的领域。大学生善于在各类活动中结识新朋友，不断拓展自己的社交圈子，从而丰富自己的大学生活。这种广泛的社交活动不仅有助于提升大学生的社交能力，还能为大学生的未来发展搭建起更多元的平台。

4. 大学生应激性反应的影响与应对

虽然大学生已经具备了一定的情感控制能力，但情感的两极性仍然比较明显。在遇到强烈刺激时，大学生容易表现出冲动的一面，可能会因为一时的矛盾或误解而发生冲突，甚至产生过激行为。这种应激性反应是影响大学生人际关系最大的潜在杀手。而冷静下来会发现,其实很多矛盾都是可以通过交流和沟通来化解的。大学生们需要学会在面对冲突和误解时保持冷静和理性,用平和的语气和对方进行沟通。通过坦诚地表达自己的想法和感受,倾听对方的观点和诉求,往往能够找到解决问题的有效途径。同时,大学生们也应该注重培养自己的情感管理能力,学会在面对挫折和困难时保持积极的心态和情绪。通过参加心理辅导、情绪管理课程等活动,大学生可以更好地了解自己的情绪特点,掌握有效的情绪调节方法,从而避免应激性反应对自己和他人造成不必要的伤害。这样不仅能够维护和谐的人际关系,还能促进个人的全面发展和成长。

(二)与教师的关系

1. 大学生对教师素质的要求发生了变化

尽管各种调研数据展现出多样化的需求,但大学生对教师核心素质的期望却呈现出高度的一致性。这些期望主要集中在教师的学识深度、道德品质、教学能力以及对学生的尊重上。在大学生的视野中,教师的学识成了衡量其教学质量的重要标尺。一个学识渊博的教师,往往能够以其深厚的学术底蕴和广阔的知识视野,引领学生探索未知、启迪思维。这种对学识的追求有时甚至超越了对教师其他技能的要求,成为学生评价教师优劣的关键因素。当教师不仅学识丰富,还能以生动有趣的方式传授知识,更能在课后与学生进行平等的学术交流,这样的教师无疑会赢得学生的极高尊敬。与此同时,教师的性格特点和人际交往能力也在默默地影响着学生对其的评价。一个性格开朗、平易近人的教师,往往能够营造出轻松愉悦的学习氛围,让学生感受到学习的乐趣。相反,那些性格孤僻、拒人千里的教师,可能会让学生感到难以接近,从而产生敬而远之的心态。值得特别关注的是,教师的品行问题在大学生心中占据着举足轻重的地位。一个品行不端的教师,不仅无法得到学生的尊重,甚至可能引发学生的心理障碍。这是因为大学生对教师有着极高的期待,大学生希望教师不仅能在学识上给予自己指导,更能在品行上成为自己的楷模。当发现某些教师的行为与自己的期待大相径庭时,大学生可能会感到失望、疑虑,甚至产生厌学等消极情绪。而且,对于专业教师,大学生更看重其学识水平和专业素养;而对于辅导员、班主任等学生管理者,大学生则希望其能够关心体谅学生,具备高尚的道德品质、公正的处事态度以及良好的组织能力和亲和力。这些要求共同构成了大学生对教师素质的全面期待,也反映了当代教育对教师职业角色的多元化需求。

2. 大学师生关系更民主、自由

大学的师生关系相较于中学而言,显得更为民主与自由。在大学,学生与教师的交往不再是简单的知识传授与接收,而是充满了更多的自主性和自由空间。每一位大学生都有机会根据自己的需求和兴趣,与教师进行深入的交流和探讨。这种交往模式的转变,使得大学师生关系呈现出更为松散、个体差异更大的特点。在大学里,不同学生个体与教师的交往频率存在着显著的差别。有些学生乐于交往、善于交往,经常主动寻求教师的帮助和指导,从而在学术和个人成长方面获得了更多的机会和资源。而对于那些相对内向或缺乏主动性的学生来说,可能会错过与教师建立深厚关系的机会,从而无法充分挖掘和利用学校提供的丰富资源。这种师生关系的民主与自由,不仅为学生提供了更广阔的发展空间,也对教师提出了更高的要求。要建立起密切的师生关系,教师不仅需要具备强烈的事业心和责任心,还需要注重与学生的沟通和交流。教师需要关注每一位大学生的成长和发展,提供个性化的指导和帮助。同时,教师也需要不断更新自己的教育理念和教学方法,以适应学生不断变化的需求和期望。而学生作为师生关系的另一方主体,同样需要承担起积极的角色。大学生需要主动与教师建立联系,表达自己的学术兴趣和职业规划,寻求教师的指导和支持。通过积极参与课堂讨论、学术活动等方式,大学生可以展示自己的才华和潜力,赢得教师的认可和赞赏,从而建立起更为紧密的师生关系。

3. 不同年级学生与教师关系特点不同

大学新生,这些刚刚踏入大学校门的学子们,仍旧保留着学生的那份单纯与好奇。大学新生对新的生活环境充满了探索的欲望,急切地希望得到教师的引领和助力。因此,在这一时期,新生们通常会更为积极主动地与教师进行交流,乐意接受教师传授的观念和经验。教师们也应当把握这一关键时期,在学习方法、生活适应以及品德修养等方面，给予学生更多的关注和指导。通过帮助学生熟悉大学生活的基本规范，使其养成良好的学习和生活习惯，教师们可以为新生的大学之路奠定坚实的基础。随着年级的升高，大二、大三的学生们逐渐适应了大学的生活节奏，独立性和自主性也日趋增强，与教师的关系开始由紧密变得相对松散，部分学生甚至出现了对权威的质疑和挑战心理。在这一阶段，教师们应当调整与学生的交往方式，更加注重与学生之间的平等沟通。通过加强学术交流，深入了解学生的内心世界，教师们可以更有效地进行教育引导，帮助学生形成独立的思考和判断能力。同时，学生们也应当克服可能出现的逆反心理，以尊重和理解的态度对待教师的教导，积极与教师交流，从教师的丰富经验中汲取更多的智慧和养分。

当大学生步入毕业班，面临着毕业论文创作、答辩等重要任务的挑战，以及与就业相关的种种压力。在这一时期，大学生与部分教师的交往会因为论文指导等需要而变得密切，但同时，由于将大量精力投入求职准备中，师生之间的日常交流时间也会相应减少。面对学生可能出现的焦虑、紧张、失落等负面情绪，教师们应当给予更多的关心和支持。教师可以用自己丰富的人生经历和职场经验，为学生提供宝贵的参考和建议，帮助学生更好地应对就业挑战。同时，学生们也应当珍惜与教师的交流机会，主动寻求教师的帮助和指导，将教师的经验资源转化为自己前行的动力和支持。

二、大学生人际交往常见心理问题

1. 认知障碍

在大学生群体中,由于对人际关系的目标、意义以及人生价值等方面存在错误认知,进而引发的心理障碍并不罕见。这种认知障碍可能表现为对人际关系作用的过度夸大或绝对化看待,从而给自己带来不必要的紧张和焦虑情绪。例如,有些学生可能认为人际关系是决定一切成功的关键,因此不惜一切代价去追求和维系,却在这个过程中失去了真实的自我,最终对已经建立的人际关系产生怀疑和否定。另一方面,外貌因素也可能成为某些大学生心理障碍的触发点。有些大学生可能过分强调外貌在人际交往中的吸引力,由于对外貌不够自信,进而产生自卑情绪,避免主动参与社交活动,甚至走向自我封闭。这种心态不仅限制了大学生的社交圈子,也可能对个人的心理健康产生负面影响。此外,社会上的一些消极观念,如拜金主义、享乐主义和权力至上等,也可能对大学生的社交观念产生不良影响。在这些错误观念的引导下,大学生可能以不健康的目的去建立人际关系,一旦遭遇挫折,便无法客观分析失败原因,反而倾向于将责任归咎于自身条件的不足,进而否定他人和自我。这种认知障碍对大学生的成长和发展具有潜在的危害。它不仅可能阻碍健康人际关系的建立,还可能影响个人的自我认同和心理健康。因此,对于大学生而言,建立正确的人际关系认知至关重要。大学生需要意识到人际关系并非生活的全部,也不是衡量个人价值的唯一标准。同时,大学生应该学会以更开放、包容的心态看待自己和他人的差异,不盲目追求表面的和谐与一致。为了克服这些认知障碍,大学生们可以通过多方面的努力来提升自我认知和人际交往能力。例如,积极参与各类社交活动,拓宽自己的交际圈子,增加与不同背景人的交流机会。而且,可以寻求专业的心理咨询帮助,通过专业的引导来纠正错误的认知观念,建立更健康、积极的人际关系观念。通过这些努力,大学生不仅可以改善自己的人际关系状况,还可以促进个人的全面发展和成长。

2. 情绪障碍

情绪障碍在大学生的人际交往中起着重要的影响作用,这种影响主要体现在两个方面:一方面,几乎所有的心理障碍都会伴随着相应的情绪问题,当人际关系出现障碍时,情绪障碍也会随之显现;另一方面,不良的情绪反应方式会直接对人际关系的建立产生负面影响。在大学生的日常交往中,常见的情绪障碍包括紧张、恐惧、自卑、嫉妒、猜疑、报复、冲动、偏激、害羞和孤独等。这些情绪障碍不仅会影响个体的心理健康,还会对人际关系的和谐发展构成障碍。克服这些情绪障碍,个体需要从多个方面入手进行调整。要深入分析情绪障碍产生的原因,进而调整自身的认知。例如,自尊心过强且不能客观评价自己的人容易产生嫉妒心理,需要通过调整自我认知来加以克服。自卑情绪往往源于过低的自我评价,个体需要学会更加客观地看待自己,提升自信心。猜疑则常常来自主观臆测产生的对他人的不信任,需要个体学会更加理性地思考和判断,增强对他人的信任感。同时,加强实践锻炼也是克服情绪障碍的重要途径。对于那些性格内向、缺乏社交锻炼或经历过创伤性人际关系的人来说,通过多参与人际交往实践,可以逐渐摆脱对人际关系的过度敏感,变得更加自然和大方。此外,培养良好的个性也是关键所在,一个性格开朗、积极向上的人往往能够更好地处理情绪问题,建立和谐的人际关系。并且,在应激情境下,个体容易出现冲动、偏激、报复等情绪,这不仅会对自己造成伤害,还可能对人际关系造成不可挽回的损失。因此,学会情绪控制和调整的基本方法显得尤为重要。通过深呼吸、转移注意力、寻求支持等方式,个体可以有效地避免因一时冲动而发生的情绪障碍。值得注意的是,在现实生活中,大学生人际关系方面的心理障碍往往以综合方式表现,且常常发生在创伤性事件后或心理矛盾冲突比较激烈的时候。因此,在这些情况下,个体需要特别注意自我调整,及时寻求帮助和支持,以维护心理健康和人际关系的和谐发展。通过综合运用以上所述的方法,大学生可以更好地克服人际交往中的情绪障碍,建立更加健康、稳定的人际关系网络。

第二节　建立良好人际关系的策略与技巧

一、建立良好人际关系的方式

(一)主动交往

1. 主动交往与自信心的建立

在纷繁复杂的社交世界中,个体的交往方式千差万别。有的人游刃有余于各种社交场合,而有的人则总是徘徊在边缘,等待他人的接近。心理学家通过深入研究发现,那些在社交中不主动的人,往往并非因为缺乏社交技巧,而是源于内心深处的自信不足。这种自信的缺失,如同一道无形的屏障,阻碍了大学生主动迈出人际交往的第一步。自信,作为个体心理的重要组成部分,对于人际交往的影响深远而持久。缺乏自信的人,在面对陌生人时,往往会感到紧张、不安,甚至产生逃避的冲动。大学生担心自己的言行举止会遭到他人的嘲笑或拒绝,因此宁愿选择保持沉默,也不愿冒险尝试。然而,这种被动的交往态度,往往会使大学生错失许多结交新朋友、拓展人际网络的机会。为了改善这一状况,首先,个体需要从内心深处建立起对人际交往的自信,要认识到每个人都有自己的独特之处,这正是吸引他人的关键所在,学会欣赏自己的优点和长处,而不是过分关注自己的缺陷和不足。其次,通过积极的心理暗示和自我激励,逐渐培养起在社交场合中的自信心,告诉自己“我有能力与他人建立良好的关系”,并勇敢地付诸实践。

2. 摒除误解,正确认知人际关系

在人际交往中,误解和偏见常常成为阻碍个体主动交往的绊脚石。这些误解源于对人际关系的片面理解或错误认知,导致个体在社交中采取消极或被动的态度。为了建立良好的人际关系,必须摒除这些误解,以正确的心态去认知和应对复杂多变的社交环境。一种常见的误解是认为主动与他人交往会显得自己低人一等或过于殷勤。这种观念往往源于对自我价值的不确定和对他人评价的过度敏感。然而,在人际关系的交互原则中,主动并不意味着卑微或乞求,而是一种积极、开放的态度。主动交往不仅有助于展示自己的诚意和热情,更能为双方关系的建立和发展创造更多可能性。另一种误解是对人际关系的固有模式抱有过分刻板的观念。例如,有些人认为在社交场合中必须遵循特定的行为准则或礼仪规范,否则就会遭到他人的非议或排斥。这种观念束缚了个体的自由发挥和真实表达,使得大学生在交往中显得拘谨而不自然。实际上,人际关系是灵活多变的,没有固定的模式可循。每个人都有自己独特的交往方式和风格,关键在于找到适合自己的方式,并随着情境的变化灵活调整。为了摒除这些误解并正确认知人际关系,需要保持开放的心态和批判性的思维,不断学习和了解人际交往的心理学原理和实践技巧,结合自身的实际情况进行反思和应用。而且,也要勇于尝试和犯错,通过实践来检验自己的认知是否正确，不断调整和完善自己的交往策略。只有这样，才能在复杂多变的社交世界中游刃有余地与他人建立起真挚而持久的关系。

（二）移情换位思考

1. 移情换位思考与人际关系的深化

在人际关系的纷繁复杂中，移情换位思考是一种宝贵的能力，它如同心灵的桥梁，连接着人与人之间的情感。这种能力的核心在于，能够设身处地理解他人的感受，体验他人内心的真实情感。当尝试站在他人的角度思考问题，感受他人的喜怒哀乐时，便能更深入地了解他人，进而在交往中做出更为合理、对应的反应。移情换位思考的重要性在于，它有助于缩小人与人之间的心理距离，增强彼此之间的情感联系。当能够真正理解他人的感受，个体的言谈举止便会更加贴近他人的内心需求，从而让对方感受到被理解和被关怀。这种亲密的体验，能够极大地促进人际关系的深化，使得双方更加愿意敞开心扉，分享彼此的想法和感受。此外，移情换位思考还有助于化解人际冲突，增进相互理解。在人际交往中，由于各自立场、观点的不同，难免会产生误解和冲突，但如果能够运用移情换位思考的能力，尝试去理解对方的立场和感受，那么便能够找到化解冲突的方法，促进双方的相互理解。

2. 同情、理解与人际关系的建构

在人际关系的建构中，同情和理解是不可或缺的要素。它

们如同情感的润滑剂，使得人与人之间的交往更加顺畅、自然。同情，是对他人遭遇的共鸣与关怀；理解，则是对他人思想和行为的深入洞察。二者相辅相成，共同构成了人际关系中的情感纽带。同情在人际关系中发挥着重要的作用。当看到他人遭遇困难或痛苦时，内心产生的同情能够激发大学生去伸出援手，给予关怀和支持。这种同情不仅是对他人情感的共鸣，更是一种积极的人际互动方式。通过表达同情，能够让他人感受到温暖和关怀，从而拉近彼此之间的心理距离。理解则是人际关系中更为深层次的情感交流方式。它要求不仅要关注他人的表面行为，更要深入洞察他人的内心世界，理解他人的思想、情感和动机。当能够真正理解他人时，大学生的交往行为便会更加具有针对性和有效性，能够更好地满足他人的内心需求。这种深层次的理解，能够极大地提升人际关系的质量，使得双方之间的交往更加深入、持久。同情和理解在人际关系的建构中相互交织、相互影响。同情让大学生更加关注他人的情感和需求，而理解则让大学生更加深入地了解他人的内心世界。二者共同作用，使得个体能够与他人建立起真挚、深入的关系，共同构筑和谐、美好的人际网络。

（三）学会批评

1. 批评的艺术与人际关系的协调

在人际交往中，批评是一项既重要又敏感的任务。为了保持人与人之间的协调，提供必要的反馈是至关重要的，但如何进行有效的批评却是一门艺术。卡耐基所提倡的批评方式，指明了一条既能够维护关系和谐又能够促进个人成长的道路。批评应从称赞和诚挚感谢入手，这一观点颠覆了传统批评的刻板印象。通常，在指出他人的错误时，很容易忽略对方的优点和贡献，从而让对方产生抵触情绪。然而，通过先称赞对方的优点或表示诚挚的感谢，能够营造出一种积极的氛围，让对方更愿意接受随后而来的批评。这种方式不仅让对方感受到被尊重和被认可，还能够激发对方自我改进的动力。在批评过程中，提到自己的错误也是一种高明的策略。这一做法能够降低对方的防御心理，让对方意识到批评并不是一种攻击，而是一种共同成长的机会。当个体坦诚地承认自己的错误时，向对方传递了一种谦逊和开放的态度，这种态度能够鼓励对方更加客观地看待自己的问题，并愿意接受自己的建议。

2. 间接提醒与启发式批评的力量

间接提醒他人注意自己的错误，是一种既能够保护对方自尊又能够有效传达信息的批评方式。通过暗示、类比或者提问的方式，可以引导对方自主发现问题所在，而不是直接指出其错误。这种方式能够避免直接冲突，让对方在一种更为平和的氛围中认识到自己的不足。同时，它也能够激发对方的自主思考能力，让对方更加深入地理解问题的本质，并寻找解决方案。启发式批评则是领导者在提醒别人的错误时应该采用的一种重要方法。与命令式批评不同，启发式批评注重引导对方自主思考和解决问题。通过提出问题、分享经验或者共同探讨的方式,领导者可以启发对方认识到自己的错误,并激发对方寻找改进方案的积极性。这种批评方式不仅能够维护领导者与下属之间的良好关系,还能够促进团队的整体成长和发展。

二、建立良好人际关系的技巧

(一)帮助别人

1. 帮助别人是人际关系建立的有效方式

在人际关系的建立过程中,帮助别人扮演着至关重要的角色。这种帮助不仅仅是物质上的援助,更包括情感上的支持、观点上的赞同以及困难解决上的协助。当个体遇到困难或危机时,及时的帮助往往能够迅速拉近人与人之间的距离,为建立良好的人际关系奠定坚实的基础。情感上的支持是帮助别人的一种重要形式。当个体面临情感困扰时,给予倾听和理解,能够让其感受到被关怀和被接纳。这种支持不仅能够减轻个体的情感负担,还能够增进彼此之间的信任和依赖。通过情感上的支持,人与人之间能够建立起深厚的情感纽带,为进一步的交往奠定坚实的基础。当个体提出自己的见解或想法时,给予积极的反馈和认同,能够让其感受到被尊重和被理解。这种赞同不仅能够增强个体的自信心和归属感,还能够促进彼此之间的交流和沟通。通过观点上的赞同,人与人之间能够建立起共同的价值观念和兴趣爱好,推动人际关系向更深层次发展。而且,当个体面临实际问题或挑战时,提供具体的建议和帮助,能够让其感受到被支持和被关心。这种协助不仅能够解决实际问题,还能够提升个体的能力和自信心。通过困难解决上的协助,个体之间能够建立起相互依赖和合作的关系,共同应对生活中的挑战和困难。

2. 相互帮助有助于深化人际关系

当个体之间能够互相帮助、共同面对困难时,大学生之间的关系将会更加紧密和牢固。这种相互帮助不仅体现在物质层面的支持上,更包括精神层面的鼓励和慰藉。在共同面对困难的过程中,个体之间需要相互沟通、协商和合作。这种互动不仅能够让双方更加了解彼此的性格、价值观和能力,还能够增强彼此之间的信任感。当感受到对方的真诚和善意时,大学生将会更加愿意敞开心扉、分享自己的想法和感受。而且,在互相帮助的过程中,个体之间可以相互学习、取长补短。当一方遇到困难时,另一方可以提供解决问题的思路和方法;而当一方取得成功时,另一方也可以分享其喜悦和骄傲。这种互动不仅能够提升个体的能力和素质,还能够让其感受到友谊和温暖的力量。

(二)学会交谈

1. 符合别人兴趣的交谈艺术

在人际交往中,交谈是维系关系的重要纽带。而要想让交谈真正起到拉近人与人之间距离的作用,谈话内容符合别人的兴趣显得尤为重要。这种交谈艺术,不仅体现了对对方的尊重和关注,更是建立亲密关系的关键。符合别人兴趣的交谈,需要做到的是敏锐地捕捉对方的兴趣点。这需要在交谈中保持高度的专注和观察力,从对方的言辞、表情和肢体语言中,解读出对方的喜好和关注点。当能够准确地把握住这些信息时,就能有针对性地展开谈话,从而让对方感受到被理解和被重视。此外,符合别人兴趣的交谈还需要具备丰富的知识储备和灵活的应变能力。因为不同的人有着不同的兴趣爱好,要想与每个人都能找到共同话题,就需要不断地学习和积累。同时,在交谈过程中,还要根据对方的反应和情绪变化,及时调整谈话内容和方式,以确保交谈的顺利进行。而且,符合别人兴趣的交谈,不仅能够让对方感受到愉悦和舒适,还能够促进双方之间的深入交流。当大学生能够针对对方的兴趣展开谈话时,就能够激发对方的表达欲望,从而让对方更加愿意分享自己的想法和感受。这种深入的交流,不仅能够增进彼此之间的了解,还能够为双方建立起稳固的友谊基础。

2. 倾听在交谈中的重要作用

在人际交往中,倾听是交谈中不可或缺的重要部分。它不仅仅是一种听取行为,更是一种深入理解和尊重他人的表现。倾听在交谈中扮演着至关重要的角色,它能够促进双方之间的情感交流、增进彼此之间的理解,并为建立良好的人际关系奠定坚实的基础。当个体愿意倾听他人的想法和感受时,传递出的信息是对对方的重视和关心。这种关注能够让对方感受到被理解和被接纳，从而建立起一种信任和亲密的关系。同时，倾听还能够鼓励对方更加开放地表达自己，促进双方之间的深入交流。而且，通过仔细地倾听他人的言辞、语气和情绪，能够更加准确地把握对方的想法和感受。这种理解不仅能够帮助大学生更好地回应对方，还能够避免误解和冲突的产生。在交谈中，理解是双方沟通的基础，而倾听则是实现这一理解的关键途径。并且，通过聆听他人的观点和经验，能够拓宽自己的视野、丰富自己的知识储备。不仅如此，倾听还能够让大学生学会如何更好地与他人沟通和交流，提升大学生的社交技巧和人际关系处理能力。

（三）学会评论与真诚

1. 学会评论中的尊重与协商

在人际交往中，学会评论是一项重要的技能，而评论中蕴含的尊重与协商精神则是其精髓所在。尊重别人的意见，是建立和谐关系的基础，它意味着承认每个人都有表达自己观点的权利，且这些观点都值得被认真倾听。避免直接指责和争论，不是一种软弱的表现，而是一种智慧和成熟的体现。因为直接的指责往往容易引发对方的防御心理，而争论则常常让双方陷入僵持，无法真正听到对方的声音。当面对不一致的意见时，讨论和协商成了解决问题的有效途径。讨论允许双方平等地交换意见，通过理性的分析来寻求共同点，而协商则更进一步，它要求在尊重彼此的基础上，寻求一种双方都能接受的解决方案。这种方式不仅有助于维护关系的和谐,还能促进双方共同成长和进步。在实践中,学会在评论中展现尊重与协商的态度并不容易,它需要具备开放的心态、敏锐的观察力和灵活的应变能力;需要时刻保持警惕,避免让自己的情绪或偏见影响对他人意见的判断。同时,还要学会用恰当的语言和方式来表达自己的观点,以确保信息能够准确、有效地传递。

2. 真诚面对自我与他人的勇气

在纷繁复杂的人际交往中,真诚成了一种难能可贵的品质。它要求个体在面对自我和他人时,能够勇敢地展现真实的自己,不遮掩、不逃避。这种勇气不仅体现在对自己的坦诚上,更体现在对待他人时的态度和行为上。当发现自己犯了错误时,勇于坦率承认是一种真诚的体现。这种承认不仅是对自己的负责,更是对他人的一种尊重。它意味着个体愿意正视自己的不足,并愿意为此承担责任。这种坦诚和勇气往往能够赢得他人的理解和原谅,甚至有时还能促进双方关系的进一步发展。同时,真诚也要求个体在面对他人的错误时,能够以一种宽容和理解的态度来对待,避免直接的指责和攻击,而是通过平和的方式指出问题,并寻求共同的解决方案。这种处理方式不仅能够维护双方的尊严,还能够促进双方之间的深入沟通和理解。真诚面对自我和他人需要一种内在的自信和力量,它要求个体能够勇敢地接受自己的不完美,同时也能够欣赏他人的优点和长处。这种自信和力量不仅能够帮助个体建立起健康、稳定的人际关系,还能够让大学生在人生的道路上走得更加坚定和自信。因此,应该珍惜并培养这种真诚面对自我和他人的勇气,让它成为人际交往中一道亮丽的风景线。

三、大学生人际交往的艺术

(一)注意人际交往中的语言技巧

1. 语言技巧在人际交往中的重要性

人际交往中,语言作为沟通的桥梁,承载着信息传递与情感交流的重任。俗话说,“良言一句三冬暖,恶语伤人六月寒”,可见语言在人际交往中的影响力。掌握并运用好语言技巧,不仅能够提升个人的社交魅力,还能够有效促进人际关系的和谐发展。在交流过程中,礼貌语言的运用是至关重要的。一句得体的问候、一个恰当的称呼,都能够迅速拉近彼此的距离,为后续的交流奠定良好的基础。同时,把握好语言的分寸也是必不可少的。在表达自己的观点和看法时,既要避免过于直接尖锐,以免触犯他人,也要避免过于含糊不清,以免产生误解。尽量使用简明生动的语言,能够准确传达自己的意思,同时也能够吸引对方的注意力。在谈话过程中,不要轻易打断对方的谈话。这不仅是一种尊重他人的表现,也是一种良好的倾听习惯。给予对方充分的表达空间,不仅能够让对方感受到被重视和被理解,还能够让自己更好地把握对方的观点和需求。同时,也要兼顾交谈各方,不厚此薄彼。在多人交谈的场合中,要尽量照顾到每个人的感受和需求,避免让某些人感到被冷落或忽视。除了口头语言之外,身体语言也是人际交往中不可忽视的一部分。适当的手势、表情和语气等都能够为交谈增添丰富的情感和色彩。例如,在表达赞同或支持时,可以用点头或微笑来回应;在表达不满或反对时,可以用严肃的表情或稍显坚定的语气来强调。这些身体语言能够与口头语言相互补充,使交谈更加生动和有效。

2. 倾听艺术在人际交往中的作用

一个善于倾听的人,不仅能够更好地理解他人的意图和需求,还能够让对方感受到被尊重和被理解。这种无声的支持和鼓励,往往能够让交谈更加顺利和深入。倾听并不仅仅是简单地听取对方的谈话内容,更是一种积极的交流态度。在倾听过程中,要保持专注和耐心,避免分心或打断对方。通过点头、微笑或简单的肯定词语来回应对方,能够让对方感受到你的关注和理解。同时,也要学会从对方的谈话中捕捉关键信息和情感线索,以便更好地把握对方的观点和需求。倾听的艺术还包括在适当的时候给予反馈和提问。通过反馈自己的理解或感受,能够让对方确认你是否真正听懂了他的意思。而巧妙的提问则能够引导对方更深入地表达自己的观点和想法。这种互动式的倾听方式,不仅能够让交谈更加有趣和深入,还能够促进彼此之间的了解和信任。

(二)真诚赞美,批评有方

1. 真诚赞美的力量

在人际交往的复杂织网中,真诚赞美如同细腻的丝线,巧妙地将人与人紧密相连。赞美并非简单的溢美之辞,而是源自内心对他人的认可和尊重。当这份认可与尊重以恰当的方式表达出来,它便能化作一股强大的力量,温暖人心,促进和谐。中国传统文化虽强调谦虚含蓄,但赞美并不与之相悖。真诚的赞美是建立在对他人的深入了解和客观评价的基础上的,它是对他人优点、成就或品质的由衷肯定。这种肯定不仅能让被赞美者感受到自身的价值,还能激发其内在的积极性和潜能。心理学研究揭示了一个深刻的道理:个体往往更倾向于喜欢那些对自己持积极态度的人。真诚的赞美便是传递这种积极态度的有效方式。当你坦诚地表达对他人的欣赏和倾慕时,你不仅向对方展示了自己的善意和接纳,还在无形中拉近了彼此的距离。更重要的是,赞美他人并非单纯的给予,也是一种收获。在赞美他人的过程中,个体会不自觉地关注他人的优点和长处,这种关注会引导个体自身的学习和成长。当学会欣赏他人时,个体也在潜移默化地提升自己的眼光和境界。因此,不要吝啬你的赞美,让它成为人际交往中的润滑剂,为关系的建立和维护注入正能量。当然,赞美也需要恰到好处,真诚而不虚伪,这样才能发挥其最大的效力。

2. 批评的艺术与真诚

与赞美相对,批评在人际交往中同样占据着重要的地位。而批评并非简单的指责或挑剔,它更是一门需要细致把握的艺术。真诚的批评能够帮助他人认识并改正错误,促进个人的成长和进步;而粗暴的批评则可能伤害他人的自尊,破坏人际关系。中国传统观念虽然强调含蓄,但在批评上,这并不意味着可以回避或模糊问题。相反,真诚的批评需要建立在尊重和理解的基础上,以明确、客观的态度指出他人的不足。这样的批评不仅能让被批评者心服口服,还能激发其自我反省和改正的动力。要进行真诚的批评,首先需要深入了解被批评者的性格、处境和心情。只有站在对方的角度思考,才能确保批评既切中要害又不失人情味。而且,批评时需要就事论事,避免对人进行全盘否定或人身攻击。明确指出问题所在,并给出具体的改进建议,这样的批评才能真正发挥作用。同时,批评的时机和方式也是至关重要的。在公开场合或情绪高涨时进行批评往往效果不佳,而私下、平静、一对一的交流则更有利于双方的沟通和理解。此外,以建设性的态度进行批评,将重点放在解决问题而非追究责任上,也是确保批评效果的关键。

第四章　大学生学习心理与指导

第一节　学习心理的基本概念与影响因素

一、学习心理概述

（一）学习的含义

1. 学习的广义含义及其重要性

学习，这一词汇蕴含着深远而广泛的意义。从广义角度来看，学习是生物体在生存与发展过程中不断获取并积累个体行为经验的过程，它普遍存在于人类与动物界。这一过程中，无论是人类还是动物，都通过对外界环境的感知与互动，逐渐适应并改变自身的行为模式，以适应不断变化的外界环境。广义的学习强调了后天习得的重要性，它并非本能活动的简单展现，而是生物体在后天环境中通过不断尝试、实践、反思与调整而逐步形成的。这种学习不仅体现在外显行为的改变上，如技能的掌握、知识的增长，更体现在内隐行为的深层次变化上，如思维方式的转变、认知结构的重组与情感的丰富。值得注意的是,并非个体所有的变化都能归结为学习。学习所带来的变化是特指那些通过学习活动而产生的,这种变化是持久且能够积极影响个体未来行为的。因此,广义的学习不仅是一种适应性的行为变化过程,更是一种个体不断自我发展与完善的过程。在这个过程中,人类与动物通过不断的学习,不仅能够更好地适应自然环境,更能够在社会环境中找到自己的位置,实现自我价值。对于人类而言,学习的重要性更是不言而喻。它不仅是人类文化传承与发展的基石,更是个人成长与进步的阶梯。通过学习,人类能够不断突破自我,实现潜能的挖掘与拓展,进而创造出更加美好的未来。

2. 狭义学习的特点及其在教育中的意义

狭义的学习,特指学生的学习过程,它在教育目标的指引下,由教师进行组织引导,以掌握系统知识和技能、形成世界观和道德品质为主要任务。这种学习过程具有鲜明的特点,并在教育中占据着举足轻重的地位。学生的学习是在教师的指导下进行的,这使得学习过程具有明确的目的性、计划性和组织性。教师根据学生的实际情况和教育目标,制订合理的教学计划,引导学生逐步掌握知识、技能和方法,确保学习活动的有序进行。学生的学习内容主要以书本知识为主,这些知识是人类长期积累下来的经验。通过学习这些经验,学生能够在短时间内掌握大量的人类智慧成果,为未来的工作和生活奠定坚实的基础。学生的学习过程是一个积极主动的过程。在这个过程中,学生需要充分发挥自己的主观能动性,通过独立思考、实践操作和合作交流等方式，不断加深对知识的理解与运用，实现知识的内化和能力的外化。这一过程中包含着一系列复杂的心理活动，如感知、记忆、思维、想象等，这些心理活动的协同作用使得学习过程更加高效和深入。狭义学习在教育中的意义不言而喻。它不仅是学生获取知识、提升能力的主要途径，更是培养学生良好学习习惯、塑造健全人格的重要环节。通过有效的学习，学生能够不断充实自己、完善自己，为未来的全面发展奠定坚实的基础。

（二）学习的理论

1. 行为主义学习理论

行为主义学习理论，自 20 世纪初甫一亮相，便在教育心理学领域产生了深远的影响。巴甫洛夫的条件反射实验、桑代克的试误学习理论，以及斯金纳的操作性条件作用理论，共同构成了行为主义学习理论的坚实基石。这一理论将学习简化为刺激与反应之间的联结过程，即 S-R 公式所代表的含义。在行为主义者看来，个体的学习行为是对外界刺激的不断适应和调整的结果。特定的刺激会引发特定的反应，而学习的本质就在于建立这种刺激与反应之间的稳固联系。行为主义学习理论强调环境在塑造个体行为中的决定性作用，认为通过精心设计的刺激和反馈，可以塑造和改变个体的行为模式。这种理论在教育实践中得到了广泛应用，例如程序教学、奖励与惩罚机制等，都是基于行为主义学习理论而设计的。

2. 认知主义学习理论

(1)布鲁纳的认知结构学习理论

布鲁纳的认知结构学习理论代表了另一种截然不同的学习观。他坚信,任何学科的基础知识都是可以通过适当的方式教授给任何人的,无论其年龄大小。这一观念颠覆了传统教育中对于知识传授的种种限制,提倡将高级知识的基础原理下放到更低的年级进行教学。布鲁纳认为,通过让学生早期接触并理解基础学科的原理,可以为学生后续学习更高级的知识打下坚实的基础。此外,布鲁纳还大力倡导发现学习的方法。在他看来,学习不仅仅是被动地接受知识,更重要的是通过主动探索和发现来获取知识。发现学习强调学生的主体性和独立性,鼓励学生自主提出问题、寻找答案,并通过亲身实践来验证和巩固所学知识。布鲁纳的认知结构学习理论在教育实践中具有深远的指导意义。它提醒个体,教育不仅仅是知识的传授,更是智慧的启迪和认知能力的提升。通过培养大学生的发现学习能力,可以帮助大学生建立起独立思考和解决问题的能力,为大学生的未来发展奠定坚实的基础。同时,布鲁纳的理论也鼓励教师在教育过程中要更加注重学生的个体差异和兴趣爱好,提供多样化的学习资源和方式,以满足不同学生的学习需求和发展潜力。

(2)奥苏伯尔的认知同化理论

奥苏伯尔,这位美国的认知心理学家,在有意义学习理论方面做出了卓越的贡献。他的理论核心在于强调有意义学习的重要性,即新知识与学习者已有认知结构中的适当观念之间建立非人为和实质性的联系。这种联系是学习者在理解、记忆和应用新知识时的关键。在奥苏伯尔的理论框架中,学习被分为接受学习、发现学习、机械学习和意义学习四种类型。这四种学习方式并非孤立存在,而是相互关联、相互影响的。接受学习和发现学习是学习的两种方式,前者强调知识的传递和接受,后者则注重学习者的主动探索和发现。而机械学习和意义学习则是学习的两种层次,机械学习是简单的记忆和复述,意义学习则涉及对新知识的理解和应用。奥苏伯尔在有意义学习的基础上强调,在学习新知识时,从已知的整体中分化出细节要比从具体的细节中概括整体更为容易。这一原则指导学习者在掌握新知识时,应先从整体入手,再逐步深入到细节,以确保对知识的全面理解。而且,提醒学习者要及时识别新旧知识间的区别和联系,以促进知识的协调和整合。这种横向的贯通能够使学习者在理解新知识时,将其与已有的知识进行关联,从而形成更为完整和系统的知识体系。并且,强调新旧知识应按照一定的顺序进行巩固和深化。通过序列化或程序化的方式,教材内容可以由浅入深地呈现给学习者,使学习者能够逐步深入地理解和掌握新知识。这一原则有助于学习者在巩固旧知识的同时,更好地吸收和消化新知识,从而实现知识的有序积累和高效应用。

二、学习心理的主要影响因素

(一)智力因素的影响

1. 智力的构成及其在学习中的作用

智力,作为个体以脑的神经活动为基础反映客观事物的认知能力,是学习活动中的核心要素。它由注意力、观察力、记忆力、思维力、想象力五个紧密相连的要素构成,这些要素相互区别又相互联系,共同在学习活动中发挥作用。注意力是学习活动的前提,它帮助学习者聚焦并维持对信息的关注;观察力则是获取信息的门户,使学习者能够敏锐地捕捉到环境中的细节变化;记忆力则是信息的储存库,为学习者提供过往经验的回顾与参考;思维力是智力的核心,它负责对信息进行深层次的加工、整合与创新;想象力则为学习活动插上翅膀,使学习者能够超越现实的限制,探索未知的可能。

在学习中,这五个要素相互协调,共同助力学习者对知识的理解和掌握。例如,当学习者面对一门新的学科时,首先需要通过注意力集中精神,然后通过观察力捕捉教材中的关键信息,接着利用记忆力将这些信息储存起来,再通过思维力对信息进行逻辑分析和意义建构,最后通过想象力将新知识与已有知识相融合,形成自己的知识体系。因此,智力水平的高低直接影响着学习效果的好坏。此外,智力的发展并非完全由先天因素决定,后天的环境和教育同样起着至关重要的作用。通过积极主动的学习和实践,学习者可以不断开发自己的智力潜能,提高自己在学习活动中的表现。例如,通过刻意练习可以提高记忆力,通过参与团队讨论可以锻炼思维力,通过阅读文学作品可以培养想象力等。

2. 记忆的心理规律与高效学习方法

记忆是学习活动中的关键环节,它涉及信息的编码、储存和提取等过程。根据心理学的研究,记忆过程中存在着前摄抑制和倒摄抑制两种现象,这两种抑制会对记忆效果产生不良影响。前摄抑制是指先前接收的信息对后面接收的信息的干扰,而倒摄抑制则是指后面接收的信息对前面接收的信息的干扰。为了减少这两种抑制的影响,学习者需要合理安排记忆内容和时间。例如,在学校学习中,面对大量的记忆任务,学习者可以采用分散复习和及时复习相结合的方法。分散复习是将记忆内容分散到不同的时间段进行复习,这样可以避免长时间连续复习导致的疲劳和厌倦;及时复习则是在学习新知识后及时回顾和巩固,以防止遗忘。同时,学习者还可以利用早晨和晚上的时间进行重点记忆内容的背诵,以避免前摄抑制和倒摄抑制的影响。除了合理安排记忆时间和内容外,学习者还可以采用其他高效的学习方法来提高记忆效果。例如,联想记忆法可以帮助学习者将新知识与已有知识相联系,形成知识网络;重复记忆法则是通过不断重复来加深记忆痕迹;情境记忆法则是将知识与具体情境相结合,提高记忆的生动性和形象性。这些学习方法都可以帮助学习者更好地应对学校学习中的记忆挑战。

(二)非智力因素的影响

1.缺乏有意义感的学习目标,学习动机不足

大学,这一人生的重要阶段,如同一片宽广的海洋,每个学子都是一艘扬帆起航的船,面临着升学、创业、就业等多重选择。这些选择如同海洋中的航道,每个人的目标不同,航行的路径也就各不相同。以学习为例,有的同学在专业领域中如鱼得水,每一步都走得坚定而有力,而有的同学则在探寻自己的兴趣与方向中曲折前行,努力寻找那个能点燃自己激情的火花。在创业的道路上,有的同学汲取着成功者的经验,蓄势待发,而有的同学则选择继续深造,以知识为基石,为未来的创业之路铺设坚实的路基。在这个过程中,大学学习目标的制定显得尤为重要,它不仅关乎大学生的学业成就,更与大学生的自我认同和人生价值紧密相连。然而,当代大学生的自我认同发展普遍面临挑战,不少同学在大学期间仍在探寻自己的职业方向、价值观甚至人生观。这种目标的缺失往往会导致学习动机的不足。有些同学虽然每天坚持学习,但内心充满了迷茫和困惑,不知道自己的努力究竟是为了什么。大学生或许会问:“我学习的意义究竟何在?是为了考上研究生吗?那考上研究生之后呢?”这种对未来的迷茫和对自我价值的质疑,使得一些同学逐渐失去了学习的动力,甚至有的同学因为专业与自己的预期相差甚远而选择放弃学习,沉浸在游戏、聊天和睡觉中。面对这种情况,如何激发和维持学习动机成了教育者和心

理学研究者关注的焦点。凯勒的 ARCS 动机设计模型为个体提供了一个有益的视角。这一模型强调通过引起学习者的注意、促进学习内容与学习者个人目标的相关性、帮助学习者树立信心以及让学习者获得满足感来激发学习动机。这一模型不仅适用于教师的教学设计,也同样适用于大学生自我激发、管理和维持学习动机。

实际上,不难发现,在学校里那些擅长学习的同学,往往能够在实践中不自觉地运用这一动机设计模型。比如,擅长学习的大学生会在大一专业分流时努力选择自己喜欢的方向,从而增强自身对学习的内在兴趣;大学生会根据自己的未来规划来选择实践活动和研究方向,以增强学习的实际意义;大学生会通过设定明确的小目标和合理的打卡活动来提升自己的学习信心;大学生还会按照计划阶段性地展示学习成果,以获得学习过程中的成就感。这些都是大学生们合理运用 ARCS 模型来制定高效学习策略的具体体现。

2. 容易被外部因素诱惑,学习时间不足

大学,这段代码般的年华,承载着无数学子的梦想与追求。然而,当梦想的翅膀刚刚展开,许多新生便陷入了外部因素的诱惑,学习时间被不断压缩,成了大学生不得不面对的挑战。"手机自由",这简单的四个字,对许多大一新生而言,却是打开了新世界的大门。高中时期的严格限制,让学生对手机游戏充满了好奇与向往。而大学的自由环境,则像一个无人看管的游乐场,让大学生可以尽情地在游戏的世界里遨游。然而,当快乐的浪潮退去,大学生却发现自己陷入了生物钟紊乱、身心疲惫的境地,学习进度也因此受到了严重的影响。除了游戏,手机中的各类社交应用也是学子们时间流逝的“隐形杀手”。班级群、组织群里的信息不断跳动,每一次查看都可能演变成一场无休止的刷屏。微博、B站、知乎……这些应用像是一个个无底洞,吞噬着大学生宝贵的学习时间。甚至有些学生在课堂上也忍不住打开手机,从而错过了老师讲解的重要内容。

许多学生担心自己离群,于是对室友的每一次呼唤都积极响应,自己的学习计划却因此被打乱。还有一些学生热衷于参加各种社团和学生组织,每天奔波于不同的会议和活动之间,却发现自己根本没有时间静下心来学习。面对这些困境,史蒂芬·柯维的四象限时间管理法为大学生们提供了一剂良方。这种方法的核心在于,要根据事情的紧急程度和重要程度来进行合理的时间安排。对于那些既紧急又重要的事情,如考试和重要会议,自然是要放在首位优先处理。然而,史蒂芬·柯维更强调的是那些重要但不紧急的事情。这些事情虽然不会立刻产生影响,却是个人成长和长远发展的关键。实施四象限时间管理法并非易事,它需要大学生具备足够的自律和坚持。大学生要学会抵制外部因素的诱惑,将手机、社交等干扰因素降到最低。大学生还要明确自己的学习目标和计划,将重要的事情纳入日程并为之付出努力。要学会合理分配时间,既要保证学习的效率和质量,也要留出适当的时间进行休息和娱乐。对于那些对自己的时间管理状况感到不满意的大学生来说,尝试四象限时间管理法无疑是一个明智的选择。它不仅可以帮助大学生更好地平衡学习与生活的关系,还可以让大学生在忙碌中找到自己的方向和目标。通过不断地实践和调整,大学生们可以逐渐掌握这种时间管理方法,让自己的大学生活更加充实和有意义。

3. 陷入学习困境后自我放弃,学习指导匮乏

大学,这个曾让无数学子憧憬与向往的殿堂,却也时常成为大学生面临挑战与困境的地方。新生踏入这片陌生的土地,生或许会发现,自己所选的专业与想象中的大相径庭,那些本以为能够轻松驾驭的课程,却成了自己前进道路上的绊脚石。这种学习上的困境,往往比中学时期所经历的更为严峻。在中学,老师们会手把手地引导学生,帮助学生解决学习上的每一个难题。然而,在大学,这种指导却变得异常匮乏。很多大学虽然开设了学习指导课程,但往往只是以一次性集体授课的形式进行,难以满足不同学生的个性化需求。而那些有幸拥有导师的学生,也可能因为导师繁忙的教学与科研任务,而无法得到足够的指导。面对这种困境,一些大学生选择了自我放弃。他或许曾试图挣扎,但当努力换不来明显的进步时,大学生便开始怀疑自己的能力,甚至对未来失去信心。这种自我放弃的情绪,像瘟疫一样在大学生中蔓延,导致不少学生无法完成学业,甚至退学。

值得注意的是,即使在学习指导匮乏、学习困境严重的情况下,大学生们仍然有很多途径可以寻求帮助。那些有经验的辅导员老师、专任班主任、熟识的专业课老师以及本专业的学长学姐,都是大学生可以依靠的力量。这些“过来人”不仅拥有丰富的经验,更能以亦师亦友的身份,给予大学生最贴心的指导和帮助。研究表明,那些更喜欢与同学讨论、主动与老师交流的学生,在学校的学习中往往能收获更多。这种积极的互动方式,不仅能够帮助大学生及时解决学习上的难题,更能激发大学生的学习热情和动力。因此,当大学生遇到学习困难时,不妨放下心中的顾虑,勇敢地与同学讨论、与师长交流。这种积极的求助方式,或许能帮助大学生打破困境,重拾对学习的信心。还需要关注那些因为内部动机缺乏而导致学习困难的学生。大学生可能对某个专业存在抵触情绪,或者对某类课程感到抗拒。这时候,心理老师的帮助就显得尤为重要。心理老师不仅能够帮助大学生接纳自己的真实情绪,更能引导大学生做出适当的调整,以便更好地适应大学生活。

第二节　大学生学习心理的特点与问题

一、大学生学习心理的基本特点

(一)学习的较高层次和专业定向性

1. 大学生学习的较高层次性

大学生的学习相较于中学生而言,显然迈向了一个更高的层次。这不仅体现在知识的深度和广度上,更体现在对学习者的要求和培养目标上。中学生的学习更多的是为了打下扎实的基础,掌握各科目的基本知识和技能,为后续的学习和生活做好准备。而大学生的学习则更具针对性和深入性,大学生不仅要继续巩固和拓展基础知识,更要深入研究所选专业的相关领域,为将来的职业发展做好充分的准备。大学生的学习具有明显的专业定向性。在进入大学之前,大学生或许对各个学科都有所涉猎,但一旦进入大学,就必须根据自己的兴趣、特长和职业规划,选择一个具体的专业进行深入学习。这个过程不仅需要大学生具备扎实的学术基础,更需要大学生具备独立思考和解决问题的能力。因为在这个阶段,大学生不仅要学习知识,更要学会如何运用这些知识去解决实际问题,这是大学生学习与中学生学习的最大区别。而且,通过专业课程的学习和实践活动的参与,大学生的知识领域逐渐拓宽,对各种问题的理解和认识也更加深入。同时,大学生的思维方式也逐渐从单一的线性思维向多元化的复杂思维转变,这使得大学生能够更加全面地看待问题,提出更具创新性的解决方案。

2. 大学生的专业定向与职业发展

在大学生活的早期阶段,一个重要的决策摆在了每位学子的面前——那就是选择自己的专业。这一选择不仅仅是对于接下来几年学习内容的确定,更是对于未来职业生涯的一次初步规划。专业的定向性在此刻显得尤为重要,它像是一盏指路明灯,照亮了学生前行的方向。每个专业都有其独特的课程设置和教学内容,这些课程和内容不仅影响着学生的知识结构,更在无形中塑造着大学生的思维方式。例如,理工科专业的学生通过学习数学、物理等基础课程,培养了严密的逻辑思维和分析问题的能力;而文科专业的学生则通过阅读大量的文学作品和历史资料,培养了敏锐的观察力和批判性思维。这些思维方式和知识结构的差异,使得不同专业的学生在看待问题和解决问题时呈现出截然不同的特点。虽然现代社会提倡跨领域合作和多元化发展,但具备扎实专业知识和技能的人才在任何行业都是不可或缺的。大学生通过几年的专业学习,不仅掌握了本领域的核心知识和技能,更培养了对本行业的热爱和责任感。这使得大学生在进入职场后能够迅速适应工作环境,发挥自己的专业优势,为行业的发展作出积极的贡献。因此,对于大学生而言,专业的选择并不仅仅是一次学业上的决策,更是一次对自己未来职业生涯的负责。大学生需要根据自己的兴趣、爱好和特长,结合社会的发展趋势和行业的需求,做出明智的选择。只有这样,大学生才能在大学的学习和生活中找到真正的归属感,为未来的职业发展奠定坚实的基础。

(二)学习具有较强的主观能动性

1. 大学生学习的主观能动性

大学生的学习过程,是一个展现主观能动性的广阔舞台。与中学生相比,大学生不再仅仅是知识的被动接受者,而是转变为知识的主动探求者。这种转变,赋予了大学生学习上更大的自主性,也要求大学生必须具备更强的自我驱动和自我管理能力。在大学生活中,自由支配的时间成了一种宝贵的资源。除了必需的课堂学习时间外,大学生拥有大约 40% 的自主时间。自主时间,是大学生进行自我提升、拓宽知识和视野的黄金时段。大学生可以根据自己的兴趣和需求,选择阅读各类参考书和文献,深化对课堂知识的理解,或者探索自己感兴趣的学术领域。这种自由选择的学习方式,不仅锻炼了大学生还的自主学习能力,也让大学生在知识的海洋中找到了属于自己的航道。此外,除了必修的公共课和基础课之外,大学生还可以根据自己的兴趣、特长和职业规划,选择适合自己的选修课。这种选择权,让大学生有机会接触到更多元化的知识体系,培养大学生的跨学科思维能力,也为大学生未来的职业发展提供了更多的可能性。

2. 主导学习动机与大学生自主学习

大学生的学习动机多种多样,但归根结底,都是为了实现自我成长和满足社会需求。在这种动机的驱使下,大学生们展现出了极高的自主学习热情。大学生不再满足于被动接受知识,而是主动出击,寻求各种学习资源和机会。无论是图书馆里的挑灯夜读,还是实验室里的刻苦钻研,都是大学生主导学习动机的具体体现。同时,这种主导学习动机也促使大学生对学习内容进行深入的思考和选择。大学生不再盲目跟随课程安排,而是根据自己的兴趣和目标,有选择性地深入学习某些领域。这种选择性学习,不仅提高了学习效率,也让大学生们在专业领域内获得了更深的造诣。因此,主导学习动机是大学生自主学习的关键所在,它激励着大学生们不断追求知识、提升自我,也让大学生在学习的过程中不断挖掘自己的潜力和价值。只有充分理解和把握这种主导学习动机,才能更好地理解大学生的学习行为,也才能更好地支持和引导大学生的成长和发展。

(三)学习目标选择的多样性

1. 大学生学习目标的多样性及其影响因素

大学生在学习目标的设定上展现出了显著的多样性。这种多样性不仅体现在目标的具体内容上,更体现在目标背后的动机和考虑因素上。每个大学生都会根据自己的兴趣、发展方向、对老师的感情等诸多因素来确定自己的学习目标，这些因素交织在一起，共同塑造了大学生独特的学习轨迹。以“学痴”为例，这类学生通常以高分为目标，追求在学术上的卓越表现。大学生渴望通过优异的成绩来体现自我价值，获得他人的认可和尊重。这种目标设定背后，往往是对知识的热爱和对学术成功的执着追求。另一方面，随着考研热的兴起，“考研帮”成了一个不可忽视的群体。这类大学生把学习目标聚焦在考研课程上，英语、政治、专业课等自然成了其重点关注的领域。这类大学生的目标明确且具体，希望通过考研来实现自己的学术梦想或提升就业竞争力。此外，还有一些大学生将学习目标定向在考公务员或实践型技能的提升上。这类大学生或许对公共事务有着浓厚的兴趣，或许希望通过实践来锻炼自己的综合能力。这些目标的选择，同样受到了个人兴趣、职业规划和社会需求等多重因素的影响。

2. 自我调控能力在大学生学习目标选择中的重要性

自我调控能力强的大学生能够对自己的学习状态进行持续的监控和调整。当发现自己在某个领域的学习进展不如预期时，大学生会及时调整学习策略或重新设定目标，以确保自己的学习始终保持在高效的轨道上。同时，自主调控能力强的大学生也能够抵制各种诱惑和干扰，保持对学习目标的专注和坚持。以考研为例，这是一个需要长时间准备和持续努力的过程，具备自我调控能力的学生能够制订出详细的备考计划，并严格按照计划执行。大学生会在备考过程中不断调整自己的学习状态,确保自己始终保持最佳的学习效果。这种能力不仅帮助大学生顺利通过考研,更培养了其在未来面对各种挑战时的应对能力。因此,自我调控能力在大学生学习目标选择中具有不可替代的重要性。它不仅是大学生实现学习目标的重要保障,也是大学生提升综合素质和未来职业竞争力的重要基石。

二、大学生常见的学习心理障碍及调适

(一)学习情绪障碍

1. 学习情绪障碍类型深度解析

学习,是每个人成长道路上必经的旅程。然而,在这条道路上,有些学生却步履蹒跚,受困于种种情绪障碍。学习焦虑型的学生,便是其中的一种典型代表。学习焦虑型的大学生在学习过程中屡遭失败,对于每一次的成绩都如同走钢丝一般心惊胆战,害怕老师在课堂上突如其来的提问,害怕每一次测验、考试后的成绩不尽如人意。大学生总是担心,一旦成绩不佳,将会受到老师、父母的严厉批评和责备。这种无休止的担忧和恐惧如同巨石般压在大学生的心头,使其在学习过程中精神紧张,难以自拔。大学生常常身陷一种惶惶不安的状态中,似乎每时每刻都在为未知的成绩而焦虑和紧张。与此同时,学习自卑型的学生则沉浸在另一种痛苦之中。学习自卑型的大学生在学习上反复失败,这种挫败感逐渐侵蚀着其自信心。大学生

总觉得自己比别人笨，无论付出多少努力，都难以企及他人的高度。因此，大学生在学习上变得消极被动，甚至自甘落后，不愿再为提升自己的成绩而做出任何努力。长时间的自卑和消沉，导致大学生的情绪低落、思维迟钝，学习上的缺漏如同滚雪球般越积越多。大学生如同身陷泥潭，越陷越深，难以自拔。而学习消极型的学生，则是另一种极端。学习消极型大学生对学习毫无兴趣，缺乏最基本的学习动力。在大学生眼中，学习活动是枯燥乏味的，与自己毫无关系。因此，大学生对于作业总是敷衍了事，甚至经常选择抄袭他人的作业来应付老师和父母。大学生对于学习成绩更是抱着一种无所谓的态度，仿佛成绩的好坏与大学生无关痛痒。这种消极的学习态度，使其在学业上难以取得进步，甚至逐渐滑向失败的深渊。

2. 学习情绪障碍的对策全面探讨

每个人都有自己的闪光点，不应仅仅局限于学习成绩这一方面。通过发现和培养大学生的其他优点和长处，不仅可以帮助大学生建立更为全面的自我认知，还能够转移和弱化其自卑情结。当大学生意识到自己在其他方面也有着出色的表现时，便会更加自信地将这些能力迁移到学习之上，从而逐渐走出自卑的阴影。而且，过高的期望目标往往使大学生因为无法达到而备感灰心和失望。因此，要引导大学生根据自己的实际情况和能力水平来设定合理的学习目标。这样一来，大学生在努力追求目标的过程中，既能够感受到进步的喜悦，也能够避免因目标过高而产生的挫败感。并且，通过掌握科学有效的学习方法和应考技巧,大学生可以提高自己的学习效率和应考能力。这不仅可以帮助大学生在考试中取得更好的成绩,还能够减轻甚至消除大学生对考试的紧张与焦虑情绪。当大学生能够以更加平和的心态去面对每一次考试时,发挥自然也会更加出色。不仅如此,过分强调分数不仅会让大学生忽视学习过程的乐趣和意义,还可能使其注意力过度集中在学习的结果上。因此,要鼓励大学生享受学习的过程,关注自己在学习中取得的成长和进步。只有这样,大学生才能够真正体会到学习的快乐和价值所在,从而更加积极地去面对和克服学习中的情绪障碍。

3. 考试焦虑防治

考试焦虑,这一与考试紧密相连的心理现象,常常随着考试的结束而迅速消散。然而,由于考试在学生生活中占据着不可或缺的地位,因此,如何在保证正常学习的前提下减轻考试焦虑就显得尤为重要。考试压力的形成,实际上是考生主观认知与客观环境相互作用的结果。在这个过程中,教师和家长的影响不容忽视。家长应该对考生的学习能力、自觉性以及心理承受能力有准确而全面的了解,摒弃那种“压力越大,效率越高”的片面观念。相反,教师应该引导考生正确评估自身能力,设定合理的学习目标,以保持适当的压力水平。同时,教师和家长还应重视考生的学习过程,而非过分关注考试结果,帮助大学生养成将考试视为日常作业、将日常作业视为考试的良好习惯。

值得注意的是，许多考试焦虑的大学生在处理学习与休息的关系上存在问题。他们往往将大部分时间投入到学习中，忽视了休息和文体活动的重要性。即使在娱乐时，大学生的思绪也依然萦绕着学习，这使得大学生的大脑长时间处于紧张状态，无法通过文体活动实现生理和心理上的全面放松。这种持续性的紧张状态最终可能导致神经系统兴奋与抑制调节功能的紊乱。为了有效防治考试焦虑，必须指导大学生合理用脑、讲究学习方法、注意营养摄入以及劳逸结合。这些措施有助于维护神经系统的正常功能，从而缓解考试焦虑。此外，针对考试焦虑患者缺乏在特定情境下自我控制能力的问题，还需要帮助大学生进行行为再造。通过训练大学生在紧张情况下运用意念控制、调整呼吸等方法来放松身体、转移注意力并抑制交感神经的过度兴奋，大学生可以更好地调整自己的心理状态。在这个过程中，自信心的培养至关重要。无数事实已经证明，在条件相似的情况下，拥有必胜信心的人往往能够取得更大的成功。因此，在考试前，学生应该客观地评估自己的水平并坚信自己的能力能够得到充分发挥。这种自信心不仅可以帮助大学生在考试中保持冷静，消除自卑感和忧虑感，还可以促使大学生以泰然自若的心态去面对各种考题和复习任务。同时，为了避免因精神不振或情绪不稳定而引起的心理波动对考试成绩产生负面影响，大学生应该合理安排学习和休息时间，在考前保持良好的作息习惯，避免临时抱佛脚式的熬夜学习。只有这样，大学生才能在考场上把握住自己，发挥出最佳水平。

第三节　学习心理指导策略与方法

一、大学生学习心理指导的策略

(一)大学生学习动机的培养

1.通过学习目的的教育,启发大学生学习专业的自觉性

在大学生活中,学习目的的教育不仅是学业指导的重要环节,更是塑造学生未来职业道路和人生价值观的基石。这种教育旨在引导学生深入思考为何而学,所学专业如何与自身的长远规划相结合,进而激发出学生对专业学习的内在热情和自觉性。通过明确学习目的,大学生可以更加清晰地认识到,每一次的努力和付出都是为了实现自己的远大理想,都是为了在未来的社会中更好地发挥自己的价值。教育工作者在进行学习目的教育时,应当采用符合大学生心理特点的生动、活泼的方式。可以将抽象的学习目的与具体的生活实例相结合,让大学生感受到学习的实际意义。例如,通过分享成功人士的案例,展示如何将所学知识应用于实际工作中,取得了哪些显著的成就,从而让大学生看到学习的具体成果。也可以邀请校友或行业专家来校交流,分享其职业经验和成长历程,让大学生更加直观地感受到学习与未来职业发展的紧密联系。在正面教育的同时,教育工作者也要关注学生的实际表现,及时发现并纠正某些不正确的学习动机和态度。例如,有些学生可能过于追求短期成绩而忽视了长远的学习目标,有些学生可能对学习抱有消极态度,缺乏主动性和创造性。对于这些情况,教育工作者应当通过耐心的引导和合理的建议,帮助学生认识到自己的问题所在,激发大学生内在的学习动力,引导大学生形成积极的学习态度。

2. 培养大学生强烈的求知欲和浓厚的认识兴趣

一个对知识充满渴望的学生,会主动地去探索未知领域,不断地丰富自己的知识体系和认知结构。这就需要培养大学生的求知欲和认识兴趣,这对于提高大学生的学习效果和创新能力具有重要意义。为了培养大学生的求知欲,教育工作者需要首先明确知识对于大学生事业发展的重要意义,可以通过举办讲座、研讨会等活动,介绍各行业的最新发展动态和前沿知识,让学生感受到知识的力量和价值。同时,也可以鼓励学生参与课外科研项目或实践活动,让其在实际操作中体验到知识的应用过程,从而增强对知识的渴望和追求。除了明确知识的意义外,创设一定的任务条件也是培养学生求知欲的有效途径。教育工作者可以为学生设置具有挑战性和探索性的学习任务,让学生在完成任务的过程中不断地发现问题、解决问题,从而激发出对知识的强烈需求。例如,可以布置一些综合性、创新性的课程作业或项目,要求学生在规定的时间内完成,并鼓励学生通过团队合作、查阅资料等方式寻求解决方案。这样的任务设置不仅能够锻炼学生的实践能力和团队协作能力,还能够有效地激发大学生的求知欲和认识兴趣。

(二)大学生学习习惯的培养

1.循序渐进与持之以恒

在大学的学习生活中,学习习惯的培养至关重要,它不仅关乎学业成绩,更影响个人未来的发展与成就。而习惯的培养并非一蹴而就,它需要耐心、坚持和策略。对于大学生而言,循序渐进是一种行之有效的学习方法。这意味着,从简单易行的学习任务开始,逐步推进到更为复杂、更具挑战性的内容。例如,初始阶段,可以设定每天阅读一定的页数,随后逐渐增加阅读难度和篇幅。通过这种方式,学生不仅能够适应学习的节奏,还能在逐步攻克难题的过程中积累自信与成就感。更为重要的是,习惯的培养需要持之以恒的决心。说到做到,是养成良好习惯的关键一步。许多时候,学生虽然制订了周密的学习计划,却因种种原因未能执行到位。这种情况下,即使计划再完美,也难以形成有效的学习习惯。因此,大学生应该学会自我约束,严格按照既定计划行事。当遇到困难或诱惑时,要提醒自己坚持下去,因为只有通过不断的实践,才能真正将习惯内化于心,外化于行。

2.调整策略与自我激励

不同的人有不同的学习方式和节奏,找到适合自己的方法至关重要。例如,有的学生喜欢独自学习,而有的学生则更倾向于小组讨论。此外,学习时间的选择也因人而异,有的人早晨学习效率高,而有的人则更善于利用晚上进行深度学习。因此,大学生应根据自己的实际情况,灵活调整学习策略,确保在最佳状态下进行学习。同时,自我激励在习惯培养中也发挥着重要作用。学习过程中难免会遇到困难和挫折,这时,积极的自我暗示和适当的奖励能够帮助大学生重燃斗志,继续前进。例如,当完成一个阶段性目标时,可以奖励看一场电影、参加一次社交活动等。这种正面的反馈机制能够激发学习兴趣和动力,使大学生在享受学习成果的同时,更加期待下一个挑战的到来。

二、大学生学习心理指导的方法

(一)把培养、激发与维持学习动机既作为手段,也作为目的

1. 学习动机的培养,从手段到目标的转化

在教育实践中,不仅要将培养学习动机视为促进学习的有效手段,更要将其看作一种良好的学习品质,是教育指导的终极目标。这种观念的转变,有助于教师更全面地理解学习动机与学习之间的关系。奥苏伯尔曾深刻指出,动机与学习之间并非单向关系,而是相辅相成的。动机通过增强学习行为来促进知识的获取,而学到的知识又会反过来强化学习动机。这种辩证关系提示,在培养学习动机时,应关注学习的认知方面,帮助

大学生获得有效的学习体验,从而自然而然地激发和强化其学习动机。对于尚无明确学习动机的大学生,教学的关键在于引导其集中注意力,尽可能有效地进行教学。当学生从学习中尝到甜头,感受到知识的力量和乐趣时,便会自发地产生学习的动机。这种从“要我学”到“我要学”的转变,是学习动机培养过程中的重要里程碑。在培养学习动机的过程中,还应注重激发大学生的知识兴趣,使学习动机内化为大学生人格特征的一部分。当大学生具备这种积极的人格特征时,便会更加自觉、主动地投入学习活动,而无须外部力量的推动。这种内在驱动力的形成,是学习动机培养的最高境界。

2. 学习动机的激发与维持,内在动机与外在奖励的平衡

在探讨学习动机的激发与维持时,不得不提及内在动机与外在奖励之间的关系。内在动机源于学生对学习活动本身的兴趣和热爱,而外在奖励则是外部环境给予学生的肯定和鼓励,二者在学习动机的激发与维持中均起着重要作用,但如何平衡二者之间的关系,是一个需要深思的问题。坚持以培养内在动机为主,是激发学生持久学习动力的关键。应当努力使学生从学习活动本身中获得成就感和满足感,让其真正体会到知识的力量和乐趣。为此,教师可以设计富有挑战性和趣味性的学习任务,引导学生主动探索、发现问题并解决问题。同时,教师还应及时给予学生正面的反馈和评价,肯定其努力和进步,从而进一步增强大学生的内在动机。而外在奖励也并非可有可无。适当的外在奖励可以激发学生的积极性,增强大学生的学习动力。但需要注意的是,外在奖励的运用必须恰当,否则可能会损害学生对学习本身的兴趣。当外在奖励成为学习的主要动力时,大学生可能会过分关注奖励本身,而忽视学习过程中的乐趣和收获。因此,教师在运用外在奖励时,应把握好度,确保其在激发大学生学习动机的同时,不损害大学生的内在兴趣。

(二)指导学生全面地认识知识的价值,调动学习积极性

1. 激发大学生的学习动机,认识科学知识的社会价值

在培养大学生的学习动机过程中,使大学生深刻认识科学知识对于社会主义经济建设和精神文明建设的重要意义,显得尤为重要。这种认识不仅关乎大学生个人的学习态度和未来职业选择,更涉及整个社会对知识价值的认同和追求。因此,教师需要从科学知识的社会功能或社会价值入手,激发大学生的学习热情和求知欲望。在日常教学中,许多教师已经意识到这一点,并努力将科学知识的社会价值融入课堂教学之中。然而,要使这种教育更加深入和具体,还需要教师进一步揭示学习内容的社会意义和实用价值。大学生往往会对所学知识产生"学这些东西有什么用"的疑问,特别是当大学生觉得所学知识并非急需用于当前社会实践时。针对这种情况,教师应善于解答大学生的疑问,明确指出科学知识的多方面价值。教师可以通过具体案例和实践活动,向大学生展示科学知识在社会

生产和社会生活中的实际应用。例如,通过介绍科技在农业、工业、医疗等领域的应用成果,让大学生感受到科学知识的强大力量和广阔前景。同时,教师还可以引导大学生关注身边的科学现象和问题,鼓励大学生运用所学知识去解释和解决这些问题,从而加深大学生对知识实用性的认识和体验。更重要的是,教师要帮助大学生建立起长远的学习目标,使大学生明白学习不仅是为了应对当前的考试或完成眼前的任务,更是为了将来能够更好地适应社会、服务社会。当大学生真正认识到科学知识的社会价值,并感受到学习带来的成就感和满足感时,其学习动机自然会得到激发和增强。

2. 科学知识的教育价值与个体成长

苏霍姆林斯基曾深刻指出,学习并不仅仅是为了将来的劳动做准备,更重要的是通过学习使学生成为一个真正的人,体验到劳动主宰者的尊严感和道德尊严感。这意味着,学习知识不仅是为了掌握实用的技能,更是为了实现个人的全面发展和自我完善。在教学过程中,教师应注重引导大学生思考和认识世界,培养大学生的独立思考能力和创新精神。通过学习科学知识,大学生可以学会如何发现问题、分析问题和解决问题,这种能力将伴随大学生一生,成为其不断成长和进步的重要动力。同时,学习知识还能帮助大学生树立起正确的人生观和价值观。在学习的过程中,大学生会接触到各种思想和观点,通过比较和鉴别,大学生可以逐渐形成自己的见解和判断,从而塑造出独特的个性和人格。这种教育价值是任何实用技能都无法替代的,它关系到大学生未来的发展方向和生活质量。因此,教师在激发大学生的学习动机时,应充分认识到科学知识的教育价值,并努力将这种价值融入日常教学之中。通过引导大学生发现知识的乐趣和奥秘,培养其学习兴趣和热情,从而帮助大学生走上一条充满智慧和创造力的成长之路。

(三)创设问题情境,激起学生的好奇心

1. 通过创设问题情境,激发学生的好奇心与探索欲

好奇心是知识的萌芽,是探索世界的原动力。为了培养大学生的好奇心,教师需要精心创设问题情境,通过提问和演示等方式,向大学生展示那些与其原有认知相矛盾的现象,从而引发大学生的认知冲突,激起大学生探索未知的欲望。教师可以通过生动有趣的实验演示、引人入胜的故事讲述,或是与大学生日常生活紧密相连的案例呈现,来制造这种“不协调”,使大学生对眼前的事实和真理感到惊奇和困惑。在这种情境下,大学生的好奇心被充分激发,产生强烈的求知欲望,想要一探究竟,解开谜团。当大学生在问题情境中感受到认知的冲突和矛盾时,思维会变得异常活跃,会努力调动自己的知识储备,尝试去解释和解决这些问题。在这个过程中,学生不仅学到了新的知识,更重要的是,学会了如何思考,如何独立地探索世界。这种经历不仅能让大学生感受到人类智慧的力量,更能让其体验到创造的欢乐,为人的智慧和意识的伟大而自豪。

2. 学习心理指导,扶植与巩固学生的探索愿望

在大学生的学习过程中,心理指导扮演着举足轻重的角色。它的任务之一就是要不断地扶植和巩固大学生内心深处那种想要成为发现者、研究者、探索者的愿望。这种愿望是大学生学习和发展的内在动力,是推动大学生不断前进的重要力量。为了实现这一愿望,教师可以通过鼓励和肯定来增强大学生的自信心和自尊心,让大学生相信自己有能力去探索未知、解决问题。而且,教师可以为学生提供丰富多样的学习资源和实践活动,让大学生在实践中感受到探索的乐趣和成就感。并且,教师还可以引导学生学会如何设置学习目标、制订学习计划、监控学习过程、评估学习成果,从而培养大学生的自主学习能力和终身学习习惯。在这个过程中,教师需要密切关注学生的心理变化和学习进展,及时给予指导和帮助。当学生在探索过程中遇到困难和挫折时,教师要鼓励大学生勇敢面对、积极克服;当学生在探索中取得成果和进步时,教师要与大学生分享喜悦和骄傲。通过这样的心理指导,学生的探索愿望会得到进一步的扶植和巩固,大学生会更加热爱学习、热爱生活,勇敢地追求自己的梦想。

(四)提供反馈信息,激发学习积极性

1. 利用反馈信息激发学习动机

在学习过程中,反馈信息的利用对于激发学习动机具有至

关重要的作用。学习者通过及时了解自己的学习进展、成绩以及知识在实践中的应用成效,能够受到极大的鼓舞,从而激起进一步深入学习的强烈愿望。同时,反馈信息也如同一面镜子,让学习者清晰地认识到自己知识体系中的缺陷和薄弱环节,为大学生的及时改进和补救提供了明确的方向。实验研究的成果有力地证明了这一点:在有反馈信息的情况下,学习者的进步速度会显著加快;相反,缺乏反馈信息则往往导致学习激励不足,进步速度自然也会变得缓慢。更值得一提的是,在反馈信息中,及时反馈相较于延迟反馈,对于学习的促进作用更为显著。这就要求教师在教学活动中,应尽可能地做到及时批改并返还学生的作业、测验卷和考试卷,以此为学生提供及时的反馈。不仅如此,教师在作业中给出的批语和评语如果更加具体、有针对性和启发性,那么学生将从中受到更大的鼓舞。这种鼓舞不仅来自对自己学习成果的肯定,更来自教师对大学生未来学习方向和改进点的明确指导。然而,更及时、更经常、更大量的反馈其实是在课堂学习中师生双方所进行的信息交流。教师通过口头语言以及更为丰富的肢体动作、表情等心理沟通方式,对学生的学习情况给予及时的肯定或否定、赞扬或批评。这种即时的反馈能够让学生随时调整自己的学习活动,展现出学习的主动性和灵活性。

2. 适当的表扬、批评是巩固和发展学习积极性的关键

赫洛克的著名实验揭示了表扬与批评对学习的不同功能:受表扬的学生成绩会不断上升,这表明正面的激励对学生的学习具有显著的促进作用;受到批评的学生,虽然可能会感到一定的压力,但学习成绩也会因此有明显的进步,这证明了适当的批评同样具有积极的一面。而实验还进一步显示,适当表扬的效果在总体上要优于批评的效果,这提示教育者在教育实践中应更多地运用表扬这一正面激励手段。值得注意的是,那些自己没有直接受到表扬或批评,但旁听了他人被批评或被表扬的学生,学习成绩也会受到影响,这一现象被称为“隐蔽的强化作用”,它揭示了学习环境中的社会性因素对学生学习动机的潜在影响。相比之下,那些被控制、没有接受任何形式反馈的学生,学习成绩往往最差。这进一步表明了正确的评价和适当的表扬批评在学生学习过程中的重要性。因此,教师在日常教学活动中,应善于运用各种形式的反馈,尤其是正面的表扬和鼓励,来激发学生的学习动机。同时,也要注意批评的方式和时机,确保其在不损害学生积极性的前提下发挥应有的作用。通过这样的综合运用,教师不仅能够帮助学生巩固已有的学习成果,还能引导大学生不断迈向新的学习高峰。

第五章　大学生心理危机预防与干预

第一节　大学生心理危机的识别与预防

一、大学生心理危机的识别方式

（一）不良情绪

1. 不良情绪的识别与心理健康的维护

在人的情感世界中，不良情绪常常被视为入侵者，它们无声无息地侵入个体的内心世界，影响着个体的心理状态和行为模式。为了维护心理健康，学会识别这些不良情绪至关重要。不良情绪，诸如抑郁、焦虑、淡漠、躁狂等，每一种都有着独特的表现形式。例如，抑郁情绪常伴随着持续的悲伤感和对日常活动兴趣的丧失；焦虑则可能表现为不安、紧张和对未来无谓的担忧；淡漠是个体对外界刺激和自身情感的反应性降低；躁狂则可能引发个体异常高涨的情绪状态和过度活跃的行为。当这些情绪出现时，它们不仅仅是心理状态的反应，更是身体健康的警示灯。不良情绪往往与生理变化相互关联,比如心跳加速、呼吸急促、睡眠障碍或是食欲缺乏。因此,通过观察这些生理信号,个体也可以间接地识别出不良情绪的存在。

识别不良情绪的过程,也是一个自我觉察和自我了解的过程。它需要个体在日常生活中保持警觉,时刻关注自己的内心感受和外在表现。当个体能够准确地识别出不良情绪时,就更有可能采取恰当的方式来应对它们,从而避免情绪进一步恶化,甚至是心理危机的发生。在这个过程中,个体不仅要学会倾听自己的情绪,还要学会接受它们的存在。每一种情绪都有其独特的意义和价值,即使是不良情绪也不例外。它们可能是在提醒个体某些未被满足的需求,或者是在向个体发出求助的信号。

2. 不良情绪识别的重要性及应用策略

不良情绪识别在个体心理健康管理中占据着举足轻重的地位。每个人的情绪状态都是其心理活动的直观反映,因此,准确地识别不良情绪对于预防和干预心理问题具有重要意义。在日常生活中,个体可能会遭遇各种各样的情绪挑战,如工作学习压力、人际关系问题或是个人价值观的困扰。这些问题若得不到及时妥善的处理,就有可能转化为不良情绪,进而对个体的心理健康造成威胁。因此,个体需要学会通过观察自己的情绪波动,及时捕捉到不良情绪的苗头,并采取相应的应对措施。个体可以通过自我觉察的方式,定期反思自己的情绪状态,及时发现并处理潜在的不良情绪。个体也可以借助他人的反馈,从不同的角度了解自己的情绪表现,从而获得更全面的情绪认知。此外,专业的心理咨询和评估工具也是个体识别不良情绪的重要途径。这些工具和方法能够帮助个体更准确地了解自己的情绪状况,为后续的心理健康管理提供有力的支持。

(二)行为反常的识别

1. 行为反常的识别与心理危机的预警

大学生活中,行为反常往往是心理危机的早期信号。当同学们的饮食、睡眠习惯出现显著变化,比如突然暴饮暴食或长时间食欲缺乏、夜间失眠或过度嗜睡,这些都可能是心理状态失衡的反映。同样,个人卫生习惯的恶化,如不再注重日常清洁,甚至对自身的仪表也漠不关心,这些细微的改变也不应被忽视。自制力的丧失是另一个值得关注的标志。当个体无法自我调控,表现出冲动行为或无法控制的情绪波动时,这可能意味着的心理防线正在崩溃。此外,孤僻独行的行为模式,如突然回避社交活动,减少与他人的交流,也可能是个体正在经历心理困扰的信号。这些行为反常不仅影响个体的日常生活和学习,更可能是深层心理问题的外在表现。因此,对这些反常行为的敏锐识别,是预防心理危机的重要一环。大学生和辅导员等校园内的人员,都应具备基本的心理危机识别能力,以便在关键时刻为需要帮助的同学提供及时的援助。行为反常的识别不仅仅是为了应对已经出现的心理问题,更重要的是为了建立一种预防和干预的机制。通过早期的识别和介入,可以更有效地帮助那些可能正走向心理危机的同学,引导其走向更健康、更积极的人生道路。

2. 行为反常与情绪变化的深层联系

行为反常与情绪变化之间存在着紧密而复杂的联系。在大学生群体中,这种联系尤为显著。当个体经历不良的情绪体验时,如焦虑、抑郁、愤怒等,这些情绪往往会通过行为的方式表达出来。具体来说,不良的情绪可能会导致个体在饮食和睡眠等基本生活习惯上出现反常。例如,情绪低落时可能会食欲缺乏,而焦虑不安时则可能失眠多梦。这些行为上的变化,实际上是情绪状态的一种反映。此外,个人卫生习惯和仪表修饰的变化也可能与情绪状态有关。当个体处于消极情绪中时,可能会忽视自己的卫生和仪表,甚至以此来表达内心的痛苦和混乱。这种行为上的放任自流,实际上是情绪失控的一种表现。当个体无法有效调控自己的情绪时,可能会表现出冲动和攻击性,或者选择回避社交和孤立自己。这些行为上的极端表现,实际上是情绪困扰的一种反映。因此,在识别大学生的行为反常时,需要深入探究其背后的情绪因素。只有理解了行为反常与情绪变化之间的深层联系,才能更准确地判断个体的心理状态,并提供更有效的帮助和支持。

（三）学习兴趣下降的识别

1. 学习兴趣下降的识别与心理状态的关联

在大学生活中，学习兴趣的下降往往不是孤立存在的现象，而是与个体的心理状态紧密相连。当大学生对曾经热爱的学科突然失去兴趣，或者对新的学习领域无法产生好奇心和探索欲时，背后可能隐藏着更深层的心理问题。学习兴趣的下降，常常伴随着学习行为的改变。比如，上课无故缺席、频繁迟到早退，或是成绩陡然下滑，这些都可能是学习兴趣减弱的直接表现。这些行为的背后，是个体对学习活动的态度发生了根本性的转变，可能因为感到学习变得枯燥无味，或者因为某些心理压力而无法集中精力学习。心理学认为，正常、有效、良好的学习能力是个体心理健康的重要标志。当个体在智力正常的情况下突然丧失了学习能力，往往意味着大学生的心理状态可能出现了问题。这种问题可能源于内部的心理冲突，也可能是外部环境压力导致的。无论是哪种情况，都需要给予足够的关注和重视。因此，识别学习兴趣的下降并不仅仅是为了提高学习成绩，更重要的是为了及时发现和解决潜在的心理问题。当大学生出现学习兴趣下降的情况时，应该鼓励其寻求专业的心理咨询帮助，以便其更准确地了解自己的心理状态，并采取有效的措施进行调整和改善。

2. 学习兴趣下降的影响因素

学习兴趣的下降是一个复杂的现象，它可能受到多种因素的影响。这些因素既包括个体内部的心理状态,也包括外部环境的变化。个体内部的心理状态对学习兴趣有着重要的影响。比如,焦虑、抑郁等负面情绪可能导致个体对学习失去兴趣和动力。在这种情况下,个体需要学会调整自己的情绪状态,通过心理咨询、运动、听音乐等方式来缓解负面情绪,从而恢复对学习的兴趣。外部环境的变化也可能导致学习兴趣的下降。例如,学习任务的难度过高或过低、教学方法的单调乏味、社交环境的压力等,都可能影响个体的学习兴趣。为了应对这些外部因素,个体可以尝试调整学习方法、寻求教师的帮助、与同学建立学习小组等方式来改善学习环境,激发学习兴趣。此外,个体自身的认知态度和学习动机也是影响学习兴趣的重要因素。当个体对学习持有消极的认知态度,或者缺乏明确的学习动机时,可能更容易对学习失去兴趣。因此,个体需要反思自己的学习态度,明确自己的学习目标,从而增强学习的主动性和积极性。

二、大学生心理危机的预防

(一)学校应建立发现和监控体系

1. 建立普查制度,全面关注学生心理素质

在现今教育体系中,学生心理素质的培养与监测显得尤为重要。为了更全面地掌握大学生的心理状况,学校应着手建立一套科学、系统的心理素质普查制度。这一制度的实施,旨在

通过专业、有效的心理测评工具,对大学生的心理状态进行全面而深入的探查。普查的内容应涵盖学生的自我认知、情绪管理、压力应对等多个方面,以便更准确地揭示学生内在的心理需求和潜在问题。在实施普查的过程中,学校需确保所选用的心理测评工具具备科学性和可靠性,能够真实反映学生的心理素质水平。同时,普查的结果应被详细记录,形成每个学生的心理档案。这些档案不仅为学生个体提供宝贵的心理成长资料,也为学校心理健康教育提供有力的数据支撑。基于普查结果,学校可以进一步开展有针对性的预防、监控和跟踪控制工作。对于心理素质较差的学生,学校可以及时提供心理咨询和辅导服务,帮助其建立积极的心态和应对策略。同时,通过定期的跟踪调查,学校还能够评估心理辅导的有效性,并根据学生的变化调整相应的支持措施。普查制度的建立,不仅有助于学校全面了解学生的心理状况,更为学生提供了一个安全、专业的心理支持平台。在这一制度的保障下,学生能够在关注与关怀中健康成长,学校也能够在数据与实践中不断完善心理健康教育体系。

2. 深化排查制度,精准把握重点学生心理动态

每学期进行的重点学生排查,旨在更加精准地把握个别学生的学习、生活、情绪及行为状况,从而为大学生提供更为贴切的心理支持和帮助。排查过程中,学校应综合运用多种方法,如观察、访谈、问卷调查等,以获取学生最真实、最全面的信息。对于那些在学习上遇到困难、生活中遭遇变故、情绪上有所波动或行为上出现异常的学生，排查工作更应细致入微，确保不遗漏任何可能影响学生心理健康的因素。通过排查，学校能够及时发现大学生潜在的心理问题，如学习焦虑、人际困扰、自我认同危机等，并针对这些问题制定个性化的干预方案。对于需要特别关注的学生，学校还可以建立个案管理制度，指定专门的心理辅导老师进行跟踪辅导，确保每位学生都能得到及时、有效的心理援助。重点学生排查制度的实施，不仅提升了学校心理健康教育的针对性和实效性，也为学生构建了一个更加安全、和谐的学习环境。在这一制度的庇护下，每一位学生都能感受到来自学校的深切关怀和全面支持，从而在成长的道路上更加自信、坚定地前行。

3. 构建访谈制度，深入了解学生心理状态

在学校的心理健康教育体系中，访谈制度扮演着举足轻重的角色。这一制度通过间接访谈与直接访谈相结合的方式，为辅导员及学校其他相关人员提供了了解学生心理状态的窗口，尤其是对于那些可能处于心理危机中的学生。间接访谈中，辅导员通过与学生的任课教师、心理咨询教师以及同伴的交流，从侧面了解学生的心理动态。这种方式的优点在于能够从多个角度获取关于学生的信息，从而更全面地把握学生的心理状况。同时，间接访谈也有助于发现那些在日常表现中不易被察觉的心理问题。直接访谈则更为直接和深入。辅导员需要经常走访那些因学习、生活、情感等原因导致情绪波动大、行为反常的学生，深入学生宿舍，观察大学生的真实生活状态，倾听大学生的心声。这种面对面的交流方式能够让学生感受到被关心和理解，也有助于辅导员更准确地把握学生的心理需求和问题所在。此外，学校相关人员还应主动与出现心理危机的学生预约并进行交谈。这种主动出击的方式能够让学生感受到学校的关怀和支持，而且也有助于及时发现和解决大学生潜在的心理问题。在访谈过程中，学校相关人员应遵循尊重、理解、保密的原则，确保学生能够在一个安全、舒适的环境中敞开心扉。访谈制度的建立，不仅为学校提供了一个了解学生心理状态的渠道，更为学生提供了一个倾诉和寻求帮助的平台。通过这一制度的实施，学校能够更准确地把握学生的心理动态，为心理健康教育提供有力的支持。

4. 加强家校联系，共同关注学生心理健康

在学生的成长过程中，家庭和学校是两个最重要的教育环境。为了更全面地了解学生的心理状态，学校应建立与家长的密切联系机制，共同关注学生的心理健康。这种联系机制的建立，旨在让家长成为学校心理健康教育的重要合作伙伴。学校应定期与家长进行沟通，及时了解学生在家庭中的表现和心理状态，同时也向家长反馈学生在学校的情况。这种双向的信息交流能够让家长和学校更加准确地把握学生的心理动态，从而为学生提供更为贴切的支持和帮助。对于需要重点关注的学生，学校应与家长保持更为紧密的联系。这些学生可能因为各种原因而面临较大的心理压力，需要家校双方共同协作，提供额外的关注和支持。学校可以定期邀请家长到校进行交流，或者通过电话、邮件等方式与家长保持经常性的沟通，确保双方能够及时掌握学生的最新动态。家校密切联系制度的建立，不仅有助于学校更全面地了解学生的心理状态，还能够增强家长对学生心理健康的重视程度。在这一制度的推动下，学校和家长能够形成合力，共同为学生的心理健康保驾护航。

（二）大学生应自我预防

1. 大学生心理健康的自我监测与分析

每位大学生都应当成为自己心理健康的守护者，通过科学的方法，如问卷法、自我反省法、访谈法以及作品分析法等，来经常性地审视和分析自己的心理状态。问卷法可以帮助大学生系统地了解自己的心理状况。通过回答一系列精心设计的问题，大学生能够对自己的情绪、压力、人际关系等方面有一个量化的认识。自我反省法则鼓励大学生在安静的环境中，深入反思自己的行为、情绪和思维模式，从而发现潜在的心理问题。访谈法提供了一个与他人交流的平台，大学生可以选择与信任的朋友、家人或专业人士分享自己的内心感受，通过大学生的反馈来更全面地认识自己。作品分析法，如通过写作、绘画等方式表达内心情感，能够帮助大学生以一种更直观、更深刻的方式理解自己的心理状态。通过这些方法，大学生不仅能够及时发现自己的心理异常，还能够更深入地了解自己的需求和愿望，从而为自我成长和发展奠定坚实的基础。

2. 大学生心理危机的自我预防与应对

当感到心理异常时，如情绪低落、焦虑不安或行为反常，大学生可以通过宣泄法来释放内心的压力和情绪。这可以通过写日记、练习冥想、进行体育锻炼等方式，将负面情绪排出体外，恢复内心的平静。转移法也是一种有效的自我调控方法，当大学生意识到自己陷入消极情绪时，可以尝试将注意力转移到其他积极、有趣的事物上，如阅读一本好书、参加社团活动或与朋友聚会等。这样不仅能够暂时摆脱负面情绪的困扰，还能够在新的活动中找到乐趣和成就感。意志控制法则要求大学生在面对心理挑战时，保持坚定的意志和积极的心态。通过自我暗示、设定目标并为之努力等方式，大学生能够增强自己的心理韧性，更好地应对生活中的挫折和困难。当然，当自我预防措施无法有效缓解心理危机时，大学生应勇于寻求外部帮助。无论是向同学、老师、辅导员还是向心理咨询老师寻求支持，都是明智之举。他们能够提供专业的建议和支持，帮助大学生更好地面对和解决心理危机。在这个过程中，大学生需要学会放下顾虑，勇敢地迈出寻求帮助的第一步。

第二节　心理危机干预的策略与方法

一、大学生心理危机干预的策略

（一）建立完善的干预体系

1. 危机干预的第一时间

在危机事件发生后，每一分每一秒都显得尤为关键。最先接触到危机信息的单位或个人，肩负着极其重要的责任，必须在第一时间将所了解到的危机情况，准确无误地通知到学生所在院系的学生工作办公室。这一步骤的及时与否直接关系到后续危机干预措施能否迅速而有效地进行。信息传递的过程中，不仅要确保内容的准确性，还要注意传递方式的恰当性。可以通过电话、短信、电子邮件等多种方式，以最快速度将危机情况传达给相关部门。同时，为了防止信息在传递过程中出现失真或遗漏，最初得到信息的单位或个人还应当保持高度的责任心和专注力，对传递出去的信息进行必要的复核和确认。此外，向校级部门如学生处、保卫处等汇报情况也是必不可少的环节。这些部门在学校的危机管理体系中扮演着重要角色，拥有更多的资源和权限，能够协调各方力量，共同应对危机。因此，及时向学校汇报情况，不仅有助于学校全面了解危机状况，还能为学校制定有效的干预措施提供重要依据。

2. 现场的勘查、维护和疏散

学生处接到危机情况通报后,应立即启动应急响应机制,组织由多个相关部门负责人组成的危机事件处理小组。这个小组的成员应包括学生所在院系的代表、保卫处、宣传部、校医院等单位的负责人,以确保能够从多个角度全面应对危机。处理小组的首要任务是前往现场进行勘查。通过实地查看、与相关人员沟通等方式,小组需尽快了解危机的具体情况、影响范围以及潜在的风险点。这一步骤对于制定后续的处理策略至关重要。在勘查的同时,维护现场秩序也是必不可少的。危机事件往往伴随着紧张、混乱的氛围,处理小组应采取措施确保现场的安全与稳定,防止次生事故的发生。例如,可以设置警戒线、安排专人值守等。如果危机事件涉及人员安全,疏散工作就显得尤为重要。处理小组应根据现场情况,迅速制定出疏散方案,并通过广播、喊话等方式及时告知现场人员。在疏散过程中,小组成员还应分工明确,有的负责引导疏散路线,有的负责确认人员是否全部撤离等。

3. 采取心理咨询技术,助力减轻心理压力

面对危机事件,当事人及相关人员往往会承受巨大的心理压力,情绪波动剧烈,甚至可能出现心理失衡。此时,心理咨询人员应迅速介入,运用专业的心理咨询技术,为个体提供及时有效的心理支持。心理咨询人员在与当事人及受影响人员交流时,应注重运用澄清技术,帮助个体理清混乱的思绪,明确问题的核心所在。通过耐心倾听和适时提问，心理咨询人员能够引导当事人逐步走出情绪的迷雾，恢复清晰的认知。同时，解释技术的应用也是必不可少的。心理咨询人员需要用通俗易懂的语言，对危机事件及其可能产生的影响进行客观分析，帮助当事人及相关人员正确理解当前所面临的困境，从而消除不必要的恐惧和焦虑。此外，心理咨询人员应通过温暖、同理的语言和态度，给予当事人及受影响人员必要的情感支持，让个体感受到关怀和理解。这种情感上的共鸣和慰藉，对于个体缓解心理压力、平复情绪具有显著的效果。而且，问题解决技术的应用是帮助当事人摆脱危机影响、恢复心理平衡的关键。心理咨询人员需要与当事人共同探讨解决问题的可行方案，并鼓励其积极行动，逐步走出困境。通过这一系列的心理咨询技术应用，大学能够有效地帮助当事人及受影响人员减轻心理压力，恢复内心的平静与安宁。

4. 提供多元化危机干预途径，全面应对心理挑战

心理咨询热线是一个便捷、高效的危机干预渠道。学校可以设立专门的心理咨询热线，为学生提供 24 小时不间断的心理支持服务。通过电话咨询，学生可以及时获得专业心理咨询师的帮助和指导，有效缓解心理压力。而且，学校应设立心理咨询室，为学生提供面对面的个别咨询服务。同时，学校可以组织心理支持性团体活动，让学生在一个安全、支持的环境中分享彼此的经历和感受，共同应对危机带来的挑战。并且，学校可以利用网络平台，为学生提供在线心理咨询服务，满足个体随时随地的咨询需求。不仅如此，学校还可以通过发放心理健康材料、举办心理专题讲座等形式，普及心理健康知识，提高学生的心理素质和应对危机的能力。

（二）营造心理健康的环境，提高大学生对危机的应对技能

1. 正确看待压力、挫折和危机

在人生的旅途中，每个人都会遭遇压力、挫折和危机，它们如同路上的风雨，时而猛烈，时而和缓，但总是不可避免。面对这些客观存在的挑战，我们应学会正视它们，理解它们的存在是生活的常态，而非偶然的插曲。就如同天空中的乌云，虽然会带来阴霾和雨水，但也是大自然不可或缺的一部分。压力、挫折和危机不仅仅是生活中的负面因素，更是大学生成长的催化剂。在应对这些挑战的过程中，大学生学会了坚忍、勇敢和智慧。每一次的克服，都是对自我的一次超越，都是人生经历的一次丰富。因此，大学生不必惧怕它们，更不应逃避它们，而要以积极的心态去迎接，去挑战。同时，大学生也要认识到，这些挑战并非生活的全部。在它们之外，还有更多的美好等待大学生去发现、去欣赏。当大学生能够以平和的心态去看待生活中的一切，无论是顺境还是逆境，都能找到属于自己的那份宁静和力量。所以，让大学生学会正确看待压力、挫折和危机吧。它们是大学生人生旅途中的一部分，也是大学生成长的助力。当大学生能够以积极、乐观的心态去面对它们时，就会发现，原

来自己比想象中的更强大,生活也比想象中的更美好。

2. 营造积极的自我概念

自我概念,这个看似抽象的概念,实则深深影响着大学生的每一天。它如同大学生内心的镜子,映照出大学生对自己的认知和态度。而营造积极的自我概念,便是为这面镜子镶上金边,让它能够更明亮、更清晰地映照出大学生的真实面貌。积极的自我概念并非一蹴而就,它需要大学生通过不断的实践去探索、去塑造。每一次的成功,都会为大学生增添一份自信和价值感,让大学生的自我概念更加坚实和正面。而每一次的失败,虽然会带来痛苦和挫折感,但也是大学生成长的契机,让大学生有机会去反思、去调整,进而完善自我概念。在这个过程中,大学生要学会接纳自己,无论是长处还是短处,都要以肯定的态度去面对。因为每个人都是独一无二的,大学生的优点和缺点共同构成了完整的自己。只有当大学生真正接纳了自己,才能拥有真正的自信和力量。同时,大学生也要学会欣赏自己。每个人都有自己的闪光点和价值所在,大学生要善于发现自己的优点和成就,给予自己应有的赞赏和鼓励。这样,大学生的自我概念才会更加积极和正向,大学生的生活也会因此变得更加充满阳光和希望。因此,让大学生努力去营造积极的自我概念吧。通过不断的实践和探索,去发现自己的价值所在,去塑造一个更加积极、自信的自己。当拥有了这样的自我概念时,大学生就会发现生活的美好无处不在,内心也将变得更加坚定和强大。

二、大学生心理危机干预的方法与步骤

（一）大学生心理危机干预的基本步骤

1. 深入搜寻与分析危机事件的根源

在危机干预的过程中，确定问题是一个至关重要的环节。危机干预者需要从多方面、多角度去搜寻那些可能给求助者带来心理危机的刺激性事件。这些事件可能隐藏在求助者的日常生活之中，也可能与其过去的经历、当前的环境或未来的担忧紧密相关。干预者要像一个细心的侦探，不放过任何一个可能的线索，通过深入的交谈、细致的观察以及必要的资料收集，逐步拼凑出问题的全貌。分析求助者遇到的问题时，危机干预者需要运用专业的知识和技能，对搜集到的信息进行去粗取精、由表及里的处理。在这一过程中，干预者不仅要关注求助者言语中直接表达的内容，还要敏锐地捕捉其非言语信号，如肢体动作、面部表情、声音变化等，这些非言语信息往往能更真实地反映求助者的内心状态和问题的严重程度。通过综合分析和评估，危机干预者能够更准确地把握问题发展的程度，为接下来的干预工作奠定坚实的基础。这一步骤的认真执行，不仅有助于增强干预的针对性和有效性，还能让求助者感受到被理解和被关怀，从而更愿意开放自己，接受进一步的帮助。

2. 建立信任并陪伴求助者渡过危机

危机干预者需要通过自己的言语和非言语动作，向求助者

传递出关怀、积极和无条件尊重的态度。这种态度的表达是全方位的,既包括耐心倾听、同理心回应,也包括适时的肯定、鼓励以及必要的引导。在信任关系得以建立的基础上,危机干预者可以更加深入地了解求助者的内心世界,准确把握其情感需求和认知困惑。此时,干预者不仅是一个倾听者,更是一个陪伴者和引导者。危机干预者需要通过专业的知识和技能,帮助求助者理清思路、明确目标,并找到适合自己的应对策略。在这个过程中,危机干预者的支持和帮助是全方位的,让求助者感受到自己并不孤单;还提供信息上的支持,帮助求助者了解问题的真相和可能的解决方案;同时,提供策略上的支持,引导求助者制定可行的行动计划,并逐步实施。通过这种全方位的支持和帮助,危机干预者能够陪伴求助者度过最艰难的时刻,迎接新的生活挑战。

3. 提出切实有效的应对方式

在危机干预的过程中,为求助者提供切实有效的应对方式至关重要。这些应对方式不仅需要能够帮助求助者缓解当前的心理压力和紧张情绪,还需要能够帮助求助者建立长期的心理应对策略,以更好地应对未来可能出现的类似困境。危机干预者需要通过深入沟通和了解,让求助者感受到安全与支持。在这个基础上,干预者可以引导求助者去探索那些能够替代冲动与自毁自伤行为的健康方法。这些方法可能包括学习放松技巧、建立积极的生活习惯、培养兴趣爱好、参与社交活动等。这些活动能够帮助求助者转移注意力,缓解负面情绪,同时也能让求助者逐渐发现生活中的美好与意义。除了提供具体的替代方法，危机干预者还需要帮助求助者转变封闭的心态，鼓励求助者积极寻求新的可支持的心理资源。这可以通过引导求助者参与心理咨询、加入互助小组、建立积极的人际关系等方式来实现。这些新的心理资源不仅能够为求助者提供更多的情感支持和理解，还能帮助求助者建立起更加健康和积极的心态，以更好地应对生活中的各种挑战。

4. 制订全面的行动计划

在危机干预中，制订全面的行动计划是确保求助者能够有效应对危机的关键步骤。这一计划不仅需要覆盖求助者当前的紧急需求，还要考虑到求助者未来的长远发展，特别是那些与危机问题直接相关的短期计划，更是需要精心设计和周密安排。危机干预者在与求助者共同探讨和制订行动计划时，应充分考虑计划的现实性和可操作性。这意味着计划中的每一个步骤都需要是基于求助者当前实际情况和能力来设定的，既要确保求助者能够顺利完成，又要能够为求助者带来实质性的帮助和改变。短期计划的设计需要特别关注危机问题的紧急性和突发性，确保求助者在面临困境时能够迅速找到应对方法。这些计划可能包括紧急联系人的建立、安全空间的设定、应对技巧的学习等。而长期计划则更注重于求助者心理韧性的提升和自我成长，可能涉及个人兴趣爱好的培养、社交网络的拓展、职业技能的提升等方面。通过制订这样全面的行动计划，危机干预者不仅能够为求助者提供当前危机的解决方案，还能够为求助者铺设一条通向未来的康庄大道。这样的计划让求助者在应对危机的同时,也能够看到生活的希望和可能,从而更加坚定地走向复原和成长。

(二)大学生心理危机干预的技术方法

1. 自我干预的技术

自我干预,是大学生在面对日常心理波动时,能够主动运用心理学知识与技能,及时调节自身负面情绪和心理压力,恢复内心平衡的一种能力。它体现了大学生积极的自我心理救助,是在不断自我认识与自我完善中实现个人成长的重要途径。同样面对压力,每个人的反应却不尽相同,这主要源于个体在认知系统、社会支持网络及生物免疫系统上的差异。因此,大学生在进行心理危机自我干预时,应积极接纳自我,有效控制自我,这样才能在现实中找到自己的定位,树立自信,增强抗压能力。同时,通过广泛学习各领域知识,运用辩证思维来构建自己的认知体系,避免走入极端,从而有可能预防极端行为的发生。而且,大学生应注重提升自身体质,这是有效抵御心理危机的条件之一。一方面,通过积极参与体育运动,可以放松高度紧张的神经,甚至通过运动带来的身体兴奋来消除不良情绪;另一方面,学习并运用有效的心理放松技巧,也能显著提升个人的抗压能力。

2. 心理咨询专家干预的技术

心理咨询专家在应对严重突发事件时,广泛采用了一种名为严重突发事件应激报告技术(Critical Incident Stress Debriefing,CISD)的干预方法。这项技术旨在为求助者提供一个安全的环境,让个体能够自由地描述自己所经历的痛苦,并在必要时从小组中获得支持。CISD 技术在减轻由各类危机事件导致的心灵创伤、维护个体内环境稳定方面发挥着重要作用。米切尔(Mitchell)在 1983 年基于“及时、就近和期望”的应激干预原则,创新性地提出了 CISD 技术。随着时间的推移,这项技术经过多次的修订与完善,逐渐被广泛应用于帮助遭受各种创伤的个人和团体,现已成为危机干预领域中的一项基本技术。在实施过程中,CISD 技术分为正式援助和非正式援助两种形式。非正式援助主要由受过专业训练的人员在现场进行急性应激障碍的干预,整个流程大约需要一个小时的时间来完成。而正式援助则更为详细和全面,它通常分为七个阶段进行,一般在危机发生后的 24 至 48 个小时内展开,整个过程大约需要 2 至 3 个小时的时间。这种分阶段的干预方式能够更深入地帮助求助者处理心理创伤,促进其心理康复。

参考文献

[1] 程龙泉. 职业院校大学生心理健康教育与指导[M]. 上海:上海交通大学出版社,2019.

[2] 徐龙海. 高职学生心理健康教育与指导[M]. 北京:高等教育出版社,2019.

[3] 陈兆刚,高小黔. 大学生心理健康教育[M]. 北京:中国人民大学出版社,2020.

[4] 陶剑飞,黄志凯. 大学生心理健康教育与自我成长[M]. 北京:人民邮电出版社,2021.

[5] 庞小佳,裴菁菁,杨高峰. 大学生心理健康教育[M]. 北京:北京师范大学出版社,2020.

[6] 黄勇明. 大学生心理健康指导[M]. 杭州:浙江大学出版社,2019.

[7] 刘钊泉,胡伟坚. 大学生心理健康课堂与实践[M]. 北京:化学工业出版社,2020.

[8] 陈悦. 大学生心理健康与心理素质提升研究心理学[M]. 北京:经济科学出版社,2022.

[9] 王静,张文熙,蔡娜娜. 大学生健康素养与心理健康教育研

究心理学[M].哈尔滨:北方文艺出版社,2022.
[10] 伍勤.大学生心理健康教育与辅导 心理学[M].北京:中国人民公安大学出版社,2022.
[11] 苏碧洋.大学生心理健康教育与辅导[M].厦门:厦门大学出版社,2019.
[12] 王淑艳.大学生心理健康教育与团体实训[M].北京:科学出版社,2021.
[13] 胡春霞.大学生心理健康教育与素质教育研究[M].北京:北京工业大学出版社,2020.
[14] 范庆瑜.大学生心理健康[M].北京:北京师范大学出版社,2019.
[15] 朱坚.健康之路,从"心"起步:大学生心理调适与发展[M].北京:科学出版社,2021.
[16] 向红.大学生心理健康教育与发展研究 心理学[M].北京:北京工业大学出版社,2023.
[17] 张艳君.高职大学生心理健康教育理论与实践研究教学方法及理论[M].长春:吉林大学出版社,2023.
[18] 马立骥.大学生心理健康教育与实训[M].上海:上海交通大学出版社,2020.
[19] 桑爱友.高校大学生心理健康教育与发展研究[M].北京:九州出版社,2020.
[20] 李爱冰.大学生心理健康教育机制构建与模式创新研究[M].延吉:延边大学出版社,2021.

[21] 王慧芬. 大学生心理健康教育管理与实践心理学[M]. 北京:中国商务出版社,2023.

[22] 杨惠. 大学生心理健康教育:理论与实践[M]. 武汉:华中科技大学出版社,2022.

[23] 孙婷婷. 大学生心理健康教育[M]. 上海:复旦大学出版社有限公司,2022.

[24] 孙小媛,禹玉兰,李鹤展. 新编大学生心理健康教育:积极心理与自我成长[M]. 北京:中国社会出版社,2020.

[25] 李晓光. 当代大学生心理健康教育的理论与实践研究[M]. 北京:海洋出版社,2019.

[26] 王文科. 大学生生命与心理健康教育[M]. 北京:北京理工大学出版社有限责任公司,2020.

[27] 丁俊兰. 大学生心理健康教育[M]. 北京:科学出版社,2019.

[28] 罗旋,王倩婷,杜爽. 大学生心理健康教育[M]. 长春:吉林科学技术出版社,2019.

[29] 杨超,黄军友. 阳光成长:大学生心理健康教育[M]. 北京:人民邮电出版社,2020.

[30] 张海婷. 高职大学生心理健康教育[M]. 北京:北京理工大学出版社,2020.